J. Oswald Sanders

Wie gewinne ich Menschen für Christus?

Wie gewinne ich Menschen für Christus?

J. Oswald Sanders

Christlicher
Missions-
Verlag

Deutsch von Marie Luise Rusche.

ISBN 3-932308-57-3
CMV-Bestellnummer: 30857

Autor: J. Oswald Sanders

Überarbeitete Neuauflage
Gesamtgestaltung und Textüberarbeitung: CMV
Druck: St.-Johannis-Druckerei C. Schweickhardt
GmbH & Co KG
Printed in Germany

Inhaltsverzeichnis

Vorwort

Mit Vergnügen und großer Freude schreibe ich diese wenigen Worte als Vorwort zu Oswald Sanders Buch »Wie gewinne ich Menschen für Christus?« Es wurde von einem Mann geschrieben, der nicht allein die Theorie des Seelengewinnens kennt, er hat sein Wissen auch in die Praxis umgesetzt. Er weiß nicht nur, wie man es anfangen muss, sondern ist beständig dabei, es selbst zu tun. Mit Erfolg! Heutzutage gibt es nur wenige, die solch ein Wissen um das »Wie« mit der Leidenschaft für die Realisierung in der tatsächlichen Gewinnung von Seelen verbinden wie Oswald Sanders. Darum wurde der Inhalt dieses Buches auf dem Amboss der Erfahrung zurechtgehämmert.

Es gibt viele Christen, die nie eine Seele für Christus gewonnen haben. Sie kennen die Freude dieses Dienstes nicht. Sie werden einmal mit leeren Händen vor dem Thron Christi stehen, weil sie einfach nicht wussten, wie sie ans Werk gehen sollten. Und nur wenige nehmen die Mühe auf sich, es ihnen beizubringen. Ich glaube, dieses Buch wird eine weite Verbreitung finden. Es wird Menschen erreichen, die gern Seelen gewinnen möchten, nur den Weg dazu nicht kennen. Ihre Bemühungen werden fruchtbar werden, wenn sie diese Schrift gelesen und durchdacht haben. Möge Gottes Segen darauf ruhen und bewirken, dass eine ganze Armee von Seelengewinnern sich »in diesen letzten Tagen« aufmacht und mit Erfolg ans Werk geht!

P. Nicholson

Der Wert einer Seele

»Ich glaube, wenn ein Engel von der Erde zurück in den Himmel flöge und dort erzählte, dass unten ein armer, in Lumpen gekleideter Junge wäre, der keinen Vater und keine Mutter hätte, niemanden, der sich um ihn kümmerte und ihm den Weg zum ewigen Leben zeigte – und wenn Gott dann fragen würde, wer unter ihnen bereit wäre, für fünfzig Jahre hinunter auf diese Erde zu fliegen, um diesen einen zu Jesus zu führen – würde jeder Engel im Himmel freiwillig gehen. Selbst Gabriel, der in der Gegenwart des Allmächtigen steht, würde sagen: ›Erlaube mir, meine hohe und erhabene Position zu verlassen, damit ich des überaus großen Glücks teilhaftig werde, eine Seele zu Christus zu führen.‹ Es gibt keine größere Ehre, als ein Werkzeug in Gottes Hand zu sein, das eine Seele aus dem Reich Satans ins herrliche Licht des Himmels führt.«

D. L. Moody

I. Ein brennendes Herz für verlorene Seelen

»Selbst wenn ich ausgesprochen egoistisch wäre und mich um nichts kümmern würde, als um mein eigenes Glücklichsein, würde ich mich – wenn das nach Gottes Willen möglich wäre – für den Dienst als Seelengewinner entscheiden; denn niemals habe ich ein vollkommeneres, überströmenderes, unaussprechlicheres Glücksgefühl erlebt als an dem Tag, an dem ich zum ersten Mal erfuhr, dass ein Mensch den Heiland mit meiner Unterstützung gesucht und gefunden hatte. Keine junge Mutter freut sich mehr über ihr erstgeborenes Kind! Kein Kriegsmann jubelt lauter über einen hart erfochtenen Sieg.« Das sagte der unübertroffene Seelengewinner Charles H. Spurgeon. Wer diese Aussage für übertrieben hält, hat sich der hohen Kunst eines Seelengewinners noch nie hingegeben.

Und doch – trotz der Tatsache, dass dieses »vollkommene, überströmende, unaussprechliche Glücksgefühl« in der Reichweite auch des geringsten, unfähigsten Gläubigen liegt, scheinen vergleichsweise nur wenige es ernsthaft anzustreben. Die Leidenschaft, Seelen für Christus zu gewinnen, ist unter den Christen heute nur gering. Der weitaus größte Teil fühlt sich nicht im Mindesten für das Seelenheil seiner Mitmenschen verantwortlich. Es ist ihnen noch nicht bewusst, dass sie ihres Bruders Hüter sind. Das Endziel all ihrer Bemühungen ist die Errettung ihrer eigenen Seele.

Man braucht nach den Ursachen dieser Gleichgültigkeit nicht lange zu suchen.

1. Mangelnde Erkenntnis und Überzeugung, dass jede verstockte, unbußfertige Seele gänzlich verloren ist

Man mag durchaus willig alles akzeptieren, was das Glaubensbekenntnis über das zukünftige Gericht sagt, doch es besteht leider ein großer Unterschied zwischen dem Hören und dem Tun des Gläubigen.

Der Richter Mingins war in seiner Jugend kein Christ und lebte mit anderen ungläubigen Gefährten in Philadelphia. Einige Tage nach seiner Bekehrung besuchte er einen ehemaligen Mitgenossen. Der fragte ihn: »Ich habe gehört, du bist Christ geworden, stimmt das, Georg?«

»Ja«, antwortete Herr Mingins.

»Georg, glaubst du an Gott?«

»Ja.«

»Glaubst du auch an die Hölle und dass alle, die nicht glauben, unausweichlich dorthin kommen?«

»Ganz sicher!«

»Nun, Georg, warum lässt dann das Christsein die ganze Milch der Humanität in einem einzigen Körper – wie zum Beispiel in deinem – vertrocknen?«

»Wieso«, wollte Herr Mingins wissen, »was meinst du damit?«

»Ich meine Folgendes«, erwiderte der Freund, »du hast hier drei Tage und drei Nächte unter meinem Dach zugebracht, du glaubst das alles – und hast doch kein einziges Mal deine Hand auf meine Schulter gelegt und mir ein Wort der Rettung gesagt.«

Wie viele Leser mögen im selben Boot mit dem Richter Mingins sitzen? Das wird unterstrichen durch die Aussage eines bekannten Atheisten: »Wäre ich ein Religiöser, würde ich wirklich und wahrhaftig, ganz überzeugt und konsequent glauben, dass Erkenntnis und Ausübung meines

Glaubens in diesem Leben das Schicksal eines andern Lebens beeinflusst, die Religion würde mir alles – aber auch wirklich alles – bedeuten. Irdische Freuden würde ich als wertlosen Plunder zur Seite schieben. Irdisches Trachten wäre in meinen Augen Dummheit, irdisches Denken und Fühlen lauter Nichtigkeiten. Meine ersten Gedanken gälten am Morgen der Religion und ebenso am Abend, wenn der Schlaf mich überfällt. Ich würde nicht mehr für die Nahrung arbeiten, die verdirbt, nicht für alle Schätze der Erde, sondern nur für eine Siegeskrone in den himmlischen Regionen, deren Schätze und Freude weit hinter dem Bereich von Zeit und Zufall dieser Welt lägen. Ich würde allein an das Morgenrot der Ewigkeit denken. Eine einzige Seele für den Himmel zu gewinnen, das wäre mir ein Leben voller Leiden wert. Weder weltlicher Stolz noch Berechnung würden mir das Ziel verrücken. Irdische Würde lahmte mir weder die Hände noch versiegelte sie mir die Lippen. Ich würde mit dem Unsichtbaren reden, meine Gefühle neu entfachen, anfangen zu schwärmen! Die Erde mit Freud und Leid würde keinen Moment von meinen Gedanken Besitz ergreifen. All dies ist dann ja nur ein winziges Stück der Ewigkeit – so klein, dass keine Worte ihre Winzigkeit beschreiben könnten.

Ich würde nur nach der Ewigkeit Ausschau halten und nach den verlorenen Seelen um mich herum, die bald, sehr bald, für immer verloren oder für immer glücklich wären. Ich würde nach denen schauen, deren Gedanken allein auf diese Welt gerichtet sind, die zeitliches Glück anstreben und nur danach trachten, vergängliches Gut an sich zu raffen – solche armen Dummköpfe würde ich mir aufs Korn nehmen. Dann würde ich hingehen und der Welt – zu Zeit oder Unzeit – folgenden Text predigen: ›Was hülfe es dem Menschen, wenn er die ganze Welt gewönne und nähme doch Schaden an seiner Seele?‹«

Der Meister im Seelengewinnen

Warum habe ich mir die Mühe gemacht, diese Stelle ganz zu zitieren? Weil ihr ungläubiger Verfasser hier unwissentlich die Lebensauffassung Jesu Christi, des Meisters aller Seelengewinner, dargelegt hat. Man lese es ruhig noch einmal durch und entdecke dabei, wie genau diese Worte Jesu Verhalten der Welt und der Ewigkeit gegenüber widerspiegeln. Sein Leben stimmte absolut mit seinem Glauben an die ewige Verdammnis der verlorenen Seelen überein. Haben wir diesen Sinn Christi? Ist unser Verhalten diesem Leben und der Ewigkeit gegenüber so, wie es der Ungläubige aussprach?

Vor vielen Jahren wurde einmal Charles Peace, einer der berüchtigsten Kriminellen, vor den Richter gebracht. Als Einbrecher, Falschmünzer und Doppelmörder wurde er zum Tode verurteilt. Als er zum Schafott geführt wurde, ging der Priester neben ihm und bot ihm das an, was man als den »Trost, den die Religion gibt« bezeichnet. Als der Priester von der Errettung durch Christus sprach, wandte sich der unglückliche Mann ihm zu und fragte: »Glauben Sie es denn? Glauben Sie das wirklich? Wenn ich *das* glaubte, würde ich willig durch ganz England über Glassplitter kriechen, nur um den Menschen zu sagen, dass es die Wahrheit ist.«

Gott sei Dank, es ist die Wahrheit! Wenn jedoch unsere Bemühungen um verlorene Seelen als Maßstab für unsern Glauben angesehen werden, fürchte ich, dann kann er nicht als lebendig bezeichnet werden. General Booth sagte, er würde seine Kandidaten gern einmal – als wichtigsten Teil seines Trainingsprogramms – für 24 Stunden in die Hölle schicken. Warum? Weil unser Glaube sich erst richtig in die Tat umsetzen kann, wenn wir eine lebhafte Vorstellung des unbeschreiblichen Zustands der Verdammung aller Unbußfertigen und Verstockten haben.

2. Mangelnde Anteilnahme am Schicksal der Verlorenen

Ein alter Puritaner gebrauchte in diesem Zusammenhang immer den Ausdruck »Anteilnahme«. Und das ist das richtige Wort dafür. Christus nahm Anteil am Einzelnen und an der Masse. Das war so real und tief, dass er zuzeiten die Tränen nicht zurückhalten konnte, die über sein mitleidiges Angesicht flossen. Jesus, der männlichste aller Männer, weinte. Der tapfere Paulus flehte die Menschen Tag und Nacht unter Tränen an, sich mit Gott zu versöhnen. Als man einen jungen Missionar, den man nach Hause geschickt hatte, weil er krank war, einmal fragte, warum er so sehr darauf bedacht sei, wieder aufs Missionsfeld zu kommen, sagte er: »Weil ich einfach nicht ruhig schlafen kann, wenn ich an die draußen denke.« O, diese tränenerfüllten Augen! Diese schlaflosen Augen, die fortwährend die drohende Gefahr und Verdammnis der Ungeretteten sehen! Kommen uns diese Tränen noch unwillkürlich, wenn wir unsere Städte anschauen – angefüllt mit Sünde, Leid und Schande? Vergeht unseren Augen der Schlaf, wenn wir an die Seelen um uns herum denken? Wie kalt und hartgesotten und erstarrt sind unsere Herzen!

Als William C. Burns, der so Wichtiges bei der Aufbauarbeit in der Gemeinde von Murray McCheyne und später in China geleistet hat, seinen Dienst aufnahm, traf seine Mutter ihn einmal in einer Gasse in Glasgow. Sie sah ihn weinen und fragte: »Was sollen diese Tränen?« Er antwortete: »Ich muss angesichts der vielen ungeretteten Leute weinen, die sich hier durch die Straßen drängen.«

General Booth erhielt einmal die Nachricht von einem seiner Leute, die Arbeit sei zu schwierig, so dass einfach kein Weiterkommen möglich wäre. Der General antwortete mit vier Wörtern: »Versuchen Sie's mit Tränen!« Der Erfolg blieb nicht aus.

Niemals vorher gab es Zeiten wie heute, in der so reiches Wissen auf der Kanzel und ein so hoher Intelligenzgrad auf der Kirchenbank beisammen waren. Doch die Kultur des Herzens bleibt weit hinter der Kultur des Geistes zurück. Die Macht des gesprochenen Worts von der Kanzel hat eher abgenommen als zugenommen. Und der Grund? Das ist die erschreckende Diagnose: Niemand kann ein Bote der Leidenschaft Christi sein, wenn er nicht selbst von ihr ergriffen ist! Etwas weniger Gelehrsamkeit – wenn der eine sich wirklich für den andern opfern will – und etwas mehr Anteilnahme würden das Blatt bald wenden. Viele unbeachtet gebliebene Männer oder Frauen waren wunderbare, erfolgreiche Seelengewinner wegen ihrer offensichtlich aufrichtigen, echten Anteilnahme an dem Seelenheil anderer. Menschen, die völlig unbefleckt waren von der Theologie, haben oft in so hinreißender Weise ihren Herrn bezeugt, dass sie unwiderstehlich waren. Dr. Wilbur Chapman berichtet von solch einem Fall:

Was Anteilnahme bewirkt

»Als ich noch ein Prediger auf dem Lande war, hörte ich einmal eine Predigt von D. L. Moody. Sie feuerte mich dermaßen an, dass ich zu meiner Landgemeinde zurückkehrte und versuchte, so zu predigen, wie er es getan hatte. Und Gott gab viel Gnade zu diesem Werk. Es begann zwar nicht sofort, und ich war zuerst ziemlich entmutigt, als die Dinge nicht gleich so liefen, wie sie laufen sollten. Doch dann rief ich meine Gemeindevorsteher zusammen und bat sie: ›Sie müssen mir helfen.‹ Das versprachen sie. Am Ende stand ein alter Bauer auf und sagte: ›Ich habe in der Gemeinde noch nicht viel getan, doch jetzt will ich Ihnen helfen.‹ Hinterher flüsterte mir einer der Gemeindeältesten zu: ›Bitten Sie ihn nicht zu beten; denn das kann er nicht in der Öffentlichkeit.‹ Und ein anderer meinte: ›Bitten Sie ihn nicht zu predigen; denn er kann nicht zur Erbauung der Leute sprechen.‹ Am nächsten Morgen hatten wir einen der plötzlichen Schneestürme, für die diese Gegend bekannt war. Da stand dieser alte Bauer auf, sattelte sein Pferd und ritt meilenweit übers Land zur Schmiede eines Hufschmieds. Er band sein Pferd draußen fest und betrat – von oben bis unten mit Schnee bedeckt – die Schmiede, in welcher der Hufschmied allein arbeitete.

Der alte Bauer trat näher, legte seine Hand auf die Schulter des Schmiedes und sagte: ›Tom‹, und Tränen rannen ihm die Wangen hinunter. Er schluckte ein paar Mal und stieß dann hervor: ›Tom, als dein alter Vater starb, übergab er dich und deinen Bruder meiner Obhut. Ich habe euch beide aufwachsen lassen, bis ihr Männer geworden seid, und habe euch nie gebeten, Christen zu werden.‹ Das war alles. Er fragte ihn auch jetzt nicht. Er konnte es einfach nicht. Er kletterte wieder aufs Pferd und ritt heim. Danach verließ er monatelang sein Haus nicht mehr und starb bald darauf an einer Lungenentzündung.

Doch der Hufschmied ging an jenem Abend in die Gemeindeversammlung und sagte vor den Gemeindeältesten: ›Freunde, ich bin niemals in meinem Leben von einer Predigt angesprochen worden. Als aber heute Morgen mein alter Freund vor mir stand, mit Tränen in den Augen, bei diesem schrecklichen Schneesturm – da dachte ich plötzlich, dass es anders mit mir werden müsste.‹ Wir nahmen ihn in unsere Gemeinde auf, und heute ist er ein angesehener Gemeindeältester. Predigen kann also fehlschlagen, Singen kann zwecklos sein, doch die persönliche Sorge für das Seelenheil des anderen verfehlt das Ziel nicht.«

3. Keinerlei Vorstellung vom Wert einer Seele

Von unserer Kenntnis des Wertes des zu gewinnenden Objektes hängt der Eifer unseres Retterdienstes ab. Wir fragen uns: »Ist die Rettung von Seelen es wirklich wert, dass wir uns selbst so viel Unannehmlichkeiten bereiten und unser eigenes Vergnügen dahinter stellen?«

Lassen Sie uns bestrebt sein, den unschätzbaren Wert einer Seele recht zu begreifen. Ein Arbeiter wird intensiver arbeiten, wenn es um Diamanten statt um Kies geht. Warum? Weil sie soviel wertvoller sind. Ebenso ist es mit den Seelen der Menschen. Christus achtete die Menschenseelen für so wertvoll, dass er gerne die Herrlichkeit des Himmels gegen irdische Armut, Leiden, Schande und Todesqual eintauschte, um die Seelen vor der Verdammnis zu retten. Er legte die Welt und alles, was sie zu bieten hatte, in die eine Waagschale und eines Menschen Seele in die andere, die Schale mit der Seele senkte sich, weil sie viel mehr wog...

Der Wert einer Seele

Woran können wir denn den Wert einer Seele richtig erkennen und einschätzen?

a) An ihrer Beschaffenheit und ihrem Ursprung. Der Mensch wurde nach dem Bilde Gottes geschaffen. Der Atem Gottes wurde in ihn eingehaucht.

b) An ihrer Kraft und Kapazität. Die Leistungsfähigkeit eines Menschen ist erstaunlich. Doch leider wurde sie im Dienst des Widersachers gründlich missbraucht. Der Mensch ist jedoch in der Lage, mit Gott Gemeinschaft zu pflegen. Das ist das größte Vorrecht, das der Geist eines Menschen genießen kann.

c) An der Dauer ihrer Existenz. Die menschliche Seele existiert ewig – sowohl in der Herrlichkeit als auch in der Verdammnis (Vergl. 2. Kor. 4,18; 1. Kor. 15,53; Röm. 8,11; Judas 7; 2. Petr. 3,6.7; Matth. 25,46).

d) Am Preis für ihre Errettung. Kein strahlendes Silber, kein funkelndes Gold wurde als Preis für die Rettung der Menschen gezahlt, sondern viele Tropfen kostbaren Blutes aus dem Herzen des Gottessohnes. Das macht selbst die schäbigste Seele wertvoll.

e) An dem Kampf, der um ihren Besitz ausgebrochen ist. Warum ist die Seele des nicht wiedergeborenen Menschen ein Schlachtfeld Gottes und des Satans, wobei die Triebkräfte auf der einen Seite Liebe, auf der anderen Seite Hass sind? Weil beide den Wert einer einzigen Seele in Bezug auf das Gute und das Böse kennen und ihn richtig einschätzen. Kein Wunder, dass die Seele bei diesem Widerstreit nicht leicht zu gewinnen ist! Wenn nun eine Seele von solch hohem Wert ist, darf zu ihrer Rettung keine Entfernung zu weit, keine Last zu qualvoll, keine Fürsorge zu groß und keine Arbeit zu schwer sein.

Getrieben von einer großen Passion für verlorene Seelen, rief Raymond Lull, der erste Missionar der Moslems einmal aus: »Dir, o Herr, opfere ich alles, mein Weib, meine Kinder und was ich besitze!« Nach vielen Jahren des Leidens und Dienstes für Jesus wurde er ein Märtyrer für seinen Herrn. David Brainerd, der starb, als er nur etwas über dreißig war, sagte: »Ich wollte mich in seinem Dienst und zu seiner Verherrlichung aufreiben. Ich achtete nicht darauf, wie und wo ich lebte oder durch welche Schwierigkeiten ich hindurch musste, um Seelen für Christus zu gewinnen.«

Solche Liebe hat in den Herzen aller echten Seelengewinner gebrannt. Ihre Liebe zu den Seelen war tollkühn und wunderbar.

Anteilnahme am Seelenheil anderer

Sie ist keine natürliche, unvermeidliche Regung des Herzens. Sie entsteht nicht einfach bei dem plötzlichen, festen Entschluss, nun auch Anteilnahme für die Seelen anderer zu entwickeln. Sie kann nur aufkommen, wenn wir die rechte innere Einstellung gewinnen. Das Bekümmertsein des Paulus um die Seelen anderer entsprang einer dreifachen Überzeugung:

1. Der große, weiße Thron ist eine höchstwichtige Tatsache, mit der wir einmal alle konfrontiert werden.

2. Die Auferstehung zum Leben oder zur Verdammnis ist eine Erfahrung, die alle Menschen machen werden.

3. Die große Ewigkeit ist ein Schicksal, dem alles entgegeneilt!

Wir müssen für die leisesten Andeutungen der Bibel diesbezüglich hellhörig werden. Nehmen Sie einmal Ihre Bibel und suchen Sie die Stellen, die uns etwas über die Situation der verlorenen Sünder berichten. Dr. Wilbur Chapman machte den Vorschlag: »Nehmen Sie sich Ihre Bibel und lesen Sie in der Stille einmal Sätze wie diesen: ›Wer nicht glaubt, ist schon verdammt.‹ (Joh. 3,18) Dann denken Sie einmal zehn Minuten darüber nach, was das bedeutet. Stellen Sie sich Ihren Sohn vor – Ihre Tochter, Ihre Frau, Ihren Mann, sich selbst... Dann bedenken Sie Folgendes: ›Wer den Sohn Gottes nicht hat, hat das Leben nicht, sondern der Zorn Gottes bleibt über ihm.‹ (Joh. 3,36) Wenn es sich Ihnen dann wie eine Last aufs Herz legt, erwacht im Allgemeinen der Rettersinn.«

Denen, die diesen Rettersinn, diese innere Anteilnahme, anstreben, empfiehlt Charles G. Finney einmal einen Blick

»wie durch ein Fernrohr in die Hölle zu werfen, das Seufzen der Verdammten zu hören und dann das Glas aufwärts gen Himmel zu richten, um die Heiligen in ihren weißen Kleidern zu sehen und das Lied der Erlösten zu hören... Dann würde man sich wohl unweigerlich fragen: ›Wie ist es nur möglich, dass ich mit Gottes Hilfe die Sünder dort hinaufbringen kann?‹ Man versuche es nur! Und – wenn man kein Herz von Stein hat – wird man bald so viel vom Geist des Gebets besitzen, wie der eigene Körper nur ertragen kann.«

Ein treffendes Beispiel

John Harper, ein Baptistenprediger aus London, der mit der Titanic unterging, ist uns ein treffendes Beispiel dafür, wie der Drang, Seelen zu gewinnen, selbst angesichts des bevorstehenden Todes triumphieren kann. Auf einer Konferenz in Hamilton in Kanada stand ein Mann auf und gab folgendes Zeugnis: »Vor vier Jahren, als ich an Bord der Titanic England verließ, war ich ein unbesonnener, gottloser Sünder. In dieser inneren Verfassung wurde ich in jener Nacht von der schrecklichen Katastrophe überrascht. Bald darauf fand ich mich selbst mit Hunderten anderen, verzweifelt um mich schlagend, im kalten, dunklen Wasser des Atlantiks wieder. Ich bekam etwas zu fassen und klammerte mich in Todesangst daran fest. Das Wehgeschrei der Ertrinkenden und der Tumult ringsum klang mir noch in den Ohren, als eine Welle einen Mann in meine Nähe trug, der sich ebenfalls an etwas festzuhalten schien. Er rief mir zu: ›Ist Ihre Seele errettet?‹ Ich antwortete: ›Nein!‹ Er schrie hinüber: ›Glauben Sie an den Herrn Jesus Christus, und Sie werden errettet!‹ Für einige Minuten wurden wir wieder voneinander abgetrieben. Dann schrie er wieder: ›Ist Ihre Seele errettet?‹ Meine Antwort: ›Ich fürchte nein!‹ Es folgte sein nächster Zuruf, der ein inständiges Bitten war: ›Wenn Sie an den Herrn Jesus Christus glauben, wird Ihre Seele errettet werden!‹ Und wieder wurden wir von den rollenden Wogen getrennt. Ich hörte, wie er auch anderen seine Botschaft zurief, bevor sie im Wasser versanken und in die

Ewigkeit hinübergeglitten. Damals, dort, mit fast 4000 Metern Wassertiefe unter mir, schrie ich in meiner Verzweiflung zu Christus um Rettung. Ich vertraute ihm und wurde gerettet. Einige Minuten später hörte ich den Gottesmann rufen: ›Ich gehe unter! Ich gehe unter! Nein, ich gehe hinauf!‹ Dieser Mann war John Harper.«

II. Die Ausrüstung zu diesem Dienst

»Ich bin zu der Überzeugung gekommen, dass nicht jeder zum Seelengewinner berufen ist!«, sagte kürzlich ein junger Mann. Das hört sich zwar in den Ohren derer, die sich vor diesem Dienst drücken wollten, ganz gut an – doch leider war diese Überzeugung falsch. Der junge Mann würde wohl große Schwierigkeiten haben, seine Auffassung mit der Schrift zu belegen. Solange der große Auftrag Jesu: »Gehet hin in alle Welt und predigt das Evangelium aller Kreatur!«, nicht zurückgenommen ist und noch in seinem vollen Umfang besteht, ruht auf jedem Gläubigen die persönliche Verantwortung, Seelen für Christus zu gewinnen. Dafür benötigt er eine bestimmte Ausrüstung.

1. Beharrlich das Ziel verfolgen

Weil dieses Werk von so großer Bedeutung ist, wird der kluge Seelengewinner nach der besten Zurüstung trachten. Alle großen Seelengewinner strebten danach. Der begnadete, amerikanische Evangelist Dr. Nettleton, dessen Wirken so oft in Erweckungen gipfelte, stellte sich eines Tages selbst die Frage: »Was werde ich wohl in tausend Jahren einmal wünschen, mit meinem Leben gemacht zu haben?« Seine Antwort auf diese Frage bestand in der vollen Hingabe an die Aufgabe, Seelen für den Herrn zu gewinnen.

Wenige Stunden nach seiner eigenen Bekehrung reifte in ihm ein wichtiger Entschluss für sein Leben, nachdem er durch einen Brief seines vertrauten Freundes Dr. Clay

Trumbull sich persönlich angesprochen fühlte. Doch lassen wir ihn mit seinen eigenen Worten berichten: »Mir wurde die zwingende Notwendigkeit groß, ja nicht zu versäumen, Christus anderen Menschen zu bezeugen. Ich nahm mir vor, – weil ich Christus liebe und dieser die Seelen liebt – ihn dem Einzelnen derart eindringlich nahe zu bringen, dass niemand sich im Bereich meiner persönlichen Verantwortung und meines Einflusses der Frage nach einer Entscheidung, ob er nun Christus selbst vertrauen und nachfolgen wolle, würde entziehen können. Mein Entschluss war folgender: Wann immer ich mit einer Menschenseele so vertraut würde, dass ich den Gesprächsverlauf bestimmen konnte, sollte das Thema aller Themen zwischen uns den Vorrang haben, damit ich die inneren Nöte meines Gegenüber kennen lernen und ihnen, wenn möglich, begegnen konnte.« Diese Richtlinien fürs Leben wurden von ihm befolgt, mehr als fünfzig Jahre lang. Wer vermag die Resultate recht abzuschätzen! Haben Sie, lieber Leser, sich auch schon so etwas vorgenommen? Wenn nicht, sollten Sie jetzt auf Ihre Knie fallen und es nachholen.

Als Dr. Lyman Beecher im Sterben lag, sagte ihm ein befreundeter Prediger: »Dr. Beecher, Sie wissen so viel. Sagen sie uns, was am Wichtigsten ist.« Der sterbende Prediger antwortete: »Keine Theologie, keine Diskussion über eine Streitfrage, sondern Rettung der Seelen!«

Wenn das stimmt, sollten wir uns dann nicht den Händen unseres Meisters im Seelengewinnen überlassen und sagen: »Herr, mache mich trotz all meiner Behinderungen und Unfähigkeiten zu einem Seelengewinner!« Er wird bestimmt ebenso wie zu Petrus, der versagt hatte, sprechen: »Folge mir nach! Ich will dich zum Menschenfischer machen!«

2. Unerschütterliche Gewissheit der eigenen Errettung

Das ist eine andere unerlässliche Qualifikation des Seelengewinners. Stellen Sie sich vor, einer, dem Sie die Ansprüche Christi dringlich machen, würde sich mit der Frage an Sie wenden: »Sind Sie selbst völlig überzeugt, dass Sie errettet sind?« Was würden Sie antworten? Könnten Sie ohne Zögern erwidern: »Ja, Gott sei Dank, das bin ich!« Unser Herr sagte: »Wir reden, was wir wissen.« (Joh. 3,11) Um uns herum sind viele Männer und Frauen, alte und junge, die sich danach sehnen, jemanden zu finden, der mit Überzeugung und Autorität von der Sache redet. Sie haben die ewigen Negationen, Miesmacherei, Zweifel und Spekulationen satt. Wenn Sie als Seelengewinner diese unerschütterliche Gewissheit nicht haben, forschen Sie solange im Wort Gottes nach, bis Sie gewiss sind, »... auf dass ihr wisst, dass ihr das ewige Leben habt.« (1. Joh. 5,13)

Viele überzeugte Christen wissen nichts von einer festen Gewissheit der Errettung, weil sie ihr Leben niemals völlig Christus ausgeliefert haben. Auch der Autor dieser Schrift wurde trotz seiner Wiedergeburt noch oft von Zweifeln geplagt, bis er dann als etwa Zwanzigjähriger sein Leben ganz der Herrschaft Christi unterstellte. Seit dieser Stunde konnte kein Zweifel sich in seinem Herzen einnisten und ihm zur Anfechtung werden.

3. Ein lebendiges Wissen um die Heilige Schrift

Der Seelengewinner muss der Bibel nicht nur glauben, er muss sie auch kennen und studieren. Anderes Wissen ist in diesem Zusammenhang zweifellos ohne Wert. Doch das Kennen der Bibel ist von höchster Wichtigkeit. Nichts kann an die Stelle dieses Wissens gesetzt werden. Jeder Seelengewinner sollte sich sobald wie möglich ein Allgemeinwissen um die Bibel aneignen, ihren Hauptinhalt und ihre Lehren kennen lernen und sich klar darüber werden, wie ihre Botschaft am Besten an den Mann gebracht werden kann. Die Bibel allein enthält das Handwerkzeug des Seelengewinners. Ebenso wenig, wie ein Arzt nicht immer nur dasselbe Rezept verschreibt, so wird nicht jedes Bibelwort in jedes Herz Licht bringen. Darum ist es für diesen Dienst sehr wichtig, mit der ganzen Heiligen Schrift vertraut zu sein. Derjenige wird Erfolg haben, dessen Gedächtnis reichlich mit passenden und treffenden Schriftstellen gespeichert ist.

Murray McCheyne pflegte zu sagen: »Nicht unser Kommentar zum Bibelwort errettet, sondern das Wort Gottes selbst.« Wenn Argumente und Überzeugungsversuche nicht zur Bekehrung führen oder eine Seele zur Entscheidung bringen, führt oft der kluge Kampf mit dem »Schwert des Geistes« zum gewünschten Erfolg. Wie oft kann man erleben, dass der Gegener zum Schweigen kommt und das Interesse erwacht, wenn der Hammer des Wortes in der Kraft des Geistes geführt wird! Der Heilige Geist gebraucht das Gotteswort, um jemanden von Sünden zu überführen (Apg. 2,37) und ihm den Weg der Errettung zu zeigen (2. Tim. 3,15). Mit dem Bibelwort kann man Einwänden und Entschuldigungen begegnen. Darum muss der Seelengewinner ein »Mann des Buches« sein, wenn er Erfolg haben will.

Um es mit den Worten von Dr. Torrey zusammenzufassen: Ein Seelengewinner sollte

a) wissen, wie er seine Bibel gebrauchen und wie er anderen klar machen kann, dass sie eine Errettung nötig haben;

b) den Menschen klar machen können, dass Jesus Christus genau der Heiland ist, den sie brauchen;

c) ihnen erklären können, wie sie ihn als persönlichen Heiland annehmen können;

d) die Schwierigkeiten sehen, die Menschen hindern, diese Wahrheiten anzunehmen.

Wir können noch hinzufügen: Der Seelengewinner sollte

e) einen lebendigen, aktiven Glauben an die wunderwirkende Kraft des Wortes Gottes haben, die in den schwierigsten Fällen helfen kann.

Einer der ersten Studenten der Predigerschule Spurgeons kam einmal zu ihm und klagte: »Nun habe ich schon monatelang gepredigt, aber noch keine einzige Bekehrung erreicht.« »Meinen Sie, der Herr müsste jedes Mal segnen und Seelen retten, wenn Sie nur den Mund aufmachen?«, fragte Spurgeon. »O nein, das erwarte ich gar nicht!«, antwortete der Student. – »Sehen Sie, darum haben Sie auch keine Seele gerettet«, war die Erwiderung. »Hätten Sie es geglaubt, hätte der Herr Sie gesegnet.« Unser Vertrauen an das Wort und an die Kraft Gottes muss derart sein, dass wir von Gott einfach erwarten: Er wird durch uns – als seine Werkzeuge – Seelen erretten!

4. Eine feste Gebetshaltung aufweisen

Wie viele Möglichkeiten, Fehler zu machen, sind in solch einem Dienst gegeben! Der Seelengewinner muss wissen, in welche Richtung er zu gehen hat und zu wem er sprechen soll. Er muss die Diagnose richtig stellen und das richtige Heilmittel verschreiben können. So mag er sehr wohl mit Paulus ausrufen: »Wer ist bloß dazu tüchtig?« Nur wenn das Herz unaufhörlich im Gebet offen ist und um die verheißene Weisheit bittet, kann er vor Schnitzern bewahrt bleiben. Er muss vor, während und nach dem Dienst beten.

Nur weil Philippus ein Mann des Gebets war und in Verbindung zu Gott stand, wurde er an einen ungewöhnlichen Ort, nämlich in die Wüste, zu einer suchenden Seele geführt.

Ein alter Freund unserer Familie, der in einer Stadt im Süden wohnte, physisch blind, aber geistlich ausgesprochen hellsichtig, hatte sich in vieler Hinsicht erfolglos bemüht, das helle Licht der Errettung auch einer alten, ungläubigen Frau nahe zu bringen, die in seiner Nähe wohnte. Am Ende fiel ihm etwas anderes ein, und er verließ den Raum, um zu beten. Im Gebet teilte er dem Herrn mit, dass er alles getan hätte, was in seiner Macht stand. Gab es keine Schriftstelle, die in diesem Fall helfen konnte? Dann kam ihm der Vers in den Sinn: »Ihr werdet meine Söhne und Töchter sein, spricht der Allmächtige.« – »Aber Herr«, protestierte der Blinde, »das hat doch nichts mit Errettung zu tun.« Er mochte versuchen, wie er wollte, er erhielt keine andere Botschaft. So zitierte er diesen Vers der alten Frau. »Steht das wirklich da?«, wollte diese begierig wissen. »Ich dachte, das wäre alles bloß für Männer!« Doch in diesem Vers heißt es ja ausdrücklich, ihr werdet meine Söhne und Töchter sein! Alle menschliche Weisheit wäre nicht darauf gekommen, dass so die Schwierigkeiten der alten Frau behoben werden konnten. Im Gebet war ihm der niemals irrende Rat des Geistes Gottes gegeben worden. Oft gebrauchte er später dieses Erlebnis, um die Notwendigkeit der absoluten Abhängigkeit vom Geist Gottes für das »zur Zeit zu sprechende Wort« zu demonstrieren.

Man hat einmal gesagt, für diesen persönlichen Dienst gelte die Regel: »Geh, wenn du gebetet hast, und bete, wenn du gehst!«

5. Eine warmherzige und taktvolle Annäherung

Takt ist als die Kunst definiert worden, sich an die Stelle des anderen zu setzen, so dass man seine Nöte erkennt und ihnen begegnet, seine Vorurteile versteht und sie aus dem Wege räumt. Es handelt sich um ein intuitives Erfassen dessen, was angebracht und hilfreich ist, ein Fingerspitzengefühl, zur rechten Zeit das zu tun und zu sagen, was richtig ist, um unnötigem Anstoß oder Ärger aus dem Weg zu gehn. Das Fehlen dieser Qualifikation wird leider viel zu oft deutlich. So vernichtet man selbst das Werk, um das man so sehr besorgt war.

Bei einer Gelegenheit spielte D. L. Moody einen ganzen Nachmittag mit einem jungen Mann Tennis, ohne das Thema Glauben zu berühren. Der junge Mann war zunächst zugeknöpft und nicht bereit zu einem persönlichen Gespräch. Erst als Moody ihn durchs Spiel für sich eingenommen hatte, gewann er ihn für Christus. Er bewies wahren Takt.

Takt ist nicht immer eine natürliche Veranlagung, kann aber in Maßen durch Beachten einiger Regeln, durch Studium und Gebet erlangt werden. Wir sollten uns vorzustellen versuchen, wie wir in der Lage unseres »Umworbenen« fühlen und reagieren würden und uns entsprechend verhalten. Sehr viel ist schon gewonnen, wenn wir dem Menschen einen seelischen Gleichklang mit uns erleichtern.

Es wird von einem vornehmen Herrn berichtet, der den

Ozean überquerte und ganz unglücklich über die unanständigen Äußerungen verschiedener Mitreisender war. Endlich redete er sie an: »Meine Herren, ich vermute, Sie sind alle Engländer, nicht wahr, und Sie lieben doch ein faires Spiel, oder?«

»Natürlich! Dafür sind wir Briten überall bekannt.«

»Nun gut. Ich stelle fest, dass Sie schon eine Menge Grobheiten von sich gegeben haben. Jetzt bin ich fairerweise mit dem Fluchen an der Reihe, nicht wahr?«

»Na klar!«

»Aber bitte denken Sie daran, dass Sie nicht eher wieder fluchen dürfen, bis ich geflucht habe.«

»Sie werden es bestimmt nicht tun!«

»Doch – sobald ein Grund dafür vorhanden ist.«

Alles war beinah wie ein Spiel. Das Ergebnis dieser taktvollen Annäherung bestand darin, dass die Männer für den Rest der Reise mit ihren unanständigen Äußerungen zurückhaltend waren.

6. Mit Vollmacht ausgestattet

Obwohl wir diese Qualifikation an den Schluss der Reihe setzen, ist sie durchaus nicht weniger wichtig als die anderen. Ohne sie mag man Beharrlichkeit im Verfolgen des Ziels aufweisen, sich einer unerschütterlichen Gewissheit seiner eigenen Errettung erfreuen, ein lebendiges Schriftwissen besitzen, sehr viel beten und viel Takt beweisen und doch ein Seelengewinner sein, dem der Erfolg versagt bleibt. Mit ihr wird jedoch der Wert der Ausrüstung eines Seelengewinners unermesslich erhöht.

Aus den Studien der Biographien aller bedeutenden Seelengewinner sticht die Tatsache hervor, dass es in jedem Leben eine Krise gab; danach eine erneute, vollständigere Übergabe an den Herrn und dann ein Ausgestattetwerden mit Kraft aus der Höhe, um den aufgetragenen Dienst richtig durchführen zu können. Sie lernten es, ihre Vollmacht zu dem Dienst beim Heiligen Geist zu suchen und zu finden. Wenn Sie nichts oder nur wenig von dieser Bevollmächtigung durch den Heiligen Geist in Ihrem Leben erfahren haben, ruhen Sie nicht eher, bis das lebendige Wirklichkeit in Ihrem Leben wird. Lesen Sie dazu bitte Lukas 24,49; Apg. 1,8 u. 10,38; 1. Kor. 2,4 etc. Denken Sie einmal über die Verwandlung des Petrus nach, nachdem er »erfüllt worden war mit Kraft aus der Höhe«. Er predigte mit einer Leidenschaft, einer Furchtlosigkeit und Überzeugungskraft, die ihm vorher fremd war. Von dem Zeitpunkt an hinterließen seine Worte bleibenden Eindruck und verhalfen seinen Hörern zur Errettung. Danach, und erst danach, wurde er der bedeutende »Menschenfischer«. Trachten Sie nach dieser geistlichen Zurüstung, ohne welche die meisten Ihrer Bemühungen fruchtlos im Sande verlaufen werden.

III. Der Stellenwert des Gebets

Der Seelengewinner, dessen Hauptanliegen und großer Wunsch es ist, in Zusammenarbeit mit dem Heiligen Geist Menschen für Christus zu gewinnen, muss bis zu einem gewissen Grad ein Meister der Fürbitte sein. Wenn unser Herr über verlorene Seelen weinte und betete, müssen seine Diener dasselbe tun. Das Gebet muss immer einen vorrangigen Platz im Programm des Seelengewinners einnehmen; denn die Errettung einer Seele ist kein Menschenwerk, sondern Gottes Werk. Allein durch das Gebet kann die Kraft Gottes frei werden.

Wenn nun das Gebet solch einen bedeutenden Platz einnimmt, folgt daraus: Alles, was uns daran hindert, muss geopfert werden! Jeder Preis ist es wert, gezahlt zu werden, der uns vollmächtiger im Gebet macht. Wenn Gott unsere Gebete beantworten soll, müssen wir uns vergewissern, ob wir auch wirklich auf Gebetsgrund stehen. Der Psalmist warnt: »Hätte ich Unrecht vorgehabt in meinem Herzen, so hätte der Herr nicht erhört...« (Ps. 66,18) Bevor wir diesen Boden des Gebets betreten, müssen wir jeder Sünde absagen, die uns der Heilige Geist bei uns selbst gezeigt hat. Haben Sie das schon getan oder gibt es noch einen strittigen Punkt zwischen Gott und Ihrer Seele? Sie werden es wissen, wenn Sie auch mit der letzten Sache Schluss gemacht haben.

Außerdem ist es notwendig, dass wir ein Herz haben,

das unbeschwert von eigenen Kümmernissen ist. Ein Herz, das in der Lage ist, die Last anderer Seelen mitzutragen und ihnen in den schweren Stunden der Geburt (Wiedergeburt) beizustehen, bis das neue Leben da ist!

Achten Sie einmal darauf, wie der Apostel Paulus betet und wie seine Gebete die anderen einschließen. »Gern wollte ich selbst durch einen Fluch aus der Gemeinschaft mit Christus ausgestoßen sein, wenn ich dadurch meine Brüder, meine Volksgenossen nach dem Fleisch, retten könnte.« (Röm. 9,3) Epaphras »rang allezeit in seinen Gebeten« für die anderen (Kol. 4,12).

Hören Sie, wie Graf Zinzendorf für einige zehn- bis dreizehnjährige Mädchen betete, für deren geistige Erziehung er verantwortlich war. Er beobachtete, dass ihr Betragen zwar tadellos und ihr Kopfglaube ausreichend, aber kein Anzeichen von wahrem Herzensglauben an ihnen festzustellen war. Das legte sich ihm schwer aufs Herz und trieb ihn in ernste Fürbitte. Als adeliger, begüterter, junger Mann fühlte er sich nicht zu erhaben, sich um das geistliche Wohl einiger kleiner Mädchen Gedanken zu machen. Seine Anteilnahme wuchs und erreichte ihren Höhepunkt in einer Zeit energiegeladener Gebete, dass auch die außergewöhnliche Wirkung nicht ausblieb. Der Segen, den er für seine Klasse erflehte, kam und viel mehr dazu; denn dies war der Anfang der gewaltigen Arbeit unter den Herrnhutern und trug reiche Früchte bei ihren wunderbaren, missionarischen Unternehmungen.

Das Gebet des Seelengewinners sollte zuerst sich selbst gelten und dann den zu gewinnenden Seelen. Für sich selbst sollte er um ein Dreifaches beten.

Erstens bete er um furchtlose Entschlossenheit, von Christus zu reden, wenn sich die Gelegenheit dazu bietet. In einer Welt, die Christus gekreuzigt hat, wird es niemals einfach sein, von Christus zu reden. Für manchen ist die Menschenfurcht eine fast unüberwindliche Barriere. Fehlt Ihnen der Mut? Dann tun Sie das, was die Jünger taten: Beten Sie! »Und jetzt, Herr, verleihe deinen Knechten Kraft, dein Wort mit allem Freimut zu verkündigen... Und sie wurden alle vom Heiligen Geist erfüllt und verkündeten das Wort Gottes unerschrocken.« (Apg. 4,29-31) Oder: »Alles vermag ich in ihm, der mich stark macht.« (Phil. 4,13) Sie werden nach dem Gebet in der Lage sein, das zu tun, was Sie vorher nie hätten tun können.

Zweitens bete er um Führung zu den richtigen Leuten, an die er herantreten soll. Es kann sowohl für den einen wie für den anderen schmerzvolle Erfahrungen mit sich bringen, wenn man wahllos, ohne Inspiration und Führung einfach jeden anspricht. Ohne Frage erwartet Gott nicht, dass wir jeden ansprechen, dem wir begegnen, obwohl er von uns die Bereitschaft dazu erwartet. Dr. F. B. Meyer empfand es als ständige Last, jeden, den er traf, auf seinen Glauben hin anzusprechen. Endlich machte er es zu seinem Gebetsanliegen, dass Gott ihm die rechten Leute zeigen möge. Der Fall des Evangelisten Philippus ist ein typisches Beispiel dafür (Apg. 8,26). Es gibt viele Seelen, mit denen wir in Kontakt kommen, für die Gott im Moment keine Botschaft hat. Wenn wir es uns zur Gewohnheit werden lassen, beständig nach Anweisungen vom Herrn Ausschau zu halten, wird er uns mit seinen Augen leiten, wann wir reden und wann wir lieber schweigen sollten.

Drittens bete er, dass ihm das rechte Wort zur rechten Zeit gegeben werde. Der Leser sollte nie vergessen, dass jeder Seelengewinner einmal so unerfahren angefangen hat wie er selbst. Wenn Gott Ihnen aufträgt, zu irgendeinem Menschen zu reden, dann kann man ihm auch das richtige Wort zutrauen. Er weiß, was in jedem Fall nötig ist. Er hat Ihnen den Heiligen Geist gegeben, der Ihnen die rechte Schriftstelle in Erinnerung bringen wird. Trauen Sie ihm zu, dass er es tut. »Er wird euch an alles erinnern, was ich euch gesagt habe.« (Joh. 14,26)

Auch das Gebet für den Menschen, den man für Christus gewinnen möchte, sollte drei Anliegen enthalten:

Erstens bete man, dass alle Gleichgültigkeit und Feindseligkeit verschwinden und das Herz sich völlig der Botschaft von der Errettung ausliefern möge. Wenn nicht Gottes Geist dem Seelengewinner vorangeht, wird er vergeblich versuchen, die Festung einer Seele im Sturm zu erobern. Beharrliches, gläubiges Gebet hat oft schon den hartnäckigsten Widerstand weichen lassen.

Zweitens bete man darum, dass der Herzensboden für die Saat vorbereitet wird. Das ist wiederum das Werk des Geistes Gottes: »Und wenn er gekommen ist, wird er der Welt die Augen öffnen über die Sünde und über die Gerechtigkeit und über das Gericht.« (Joh. 16,8) Er tut sein Werk als Antwort auf unser Gebet.

Drittens bete man, dass die Seele von der Macht Satans befreit werde. Und genau hier wird der eigentliche Gebetskampf einsetzen! Solche Gebete bedeuten eine Kampfansage. Satan, der Starke aus Matthäus 12,29, hat jeden Sohn Adams gebunden und widersetzt sich jedem Fußbreit ihrer Befreiung. Nur durch gläubiges Gebet allein kann der starke Mann selbst gebunden und können Seelen befreit werden. »Diese haben ihn um des Blutes des Lammes und um des Wortes ihres Zeugnisses willen überwunden.« (Offb. 12,11) Der Gebetskämpfer muss es lernen, sich mit dem Sieg von Golgatha zu verteidigen, denn das Blut des Lammes hat für immer die Macht Satans gebrochen und ihm die Beute geraubt.

»Richtiges Beten«, sagt Gordon Watt, »tritt den Angriffen Satans als große, geistige Macht entgegen. Es fleht Gott an, das Werk, das durch seinen Sohn am Kreuz getan wurde, wirksam werden zu lassen. Es bedeutete nicht allein die Erlösung des Menschen, sondern auch die endgültige Niederlage Satans.« Treten Sie mit dem Blut des Lammes für die Befreiung der Seele ein, für die Sie beten!

Unser Beten wird kaum fruchtbar sein, wenn es nicht in seinen Zielen begrenzt ist. Der Schütze zielt auch nur auf einen einzigen schwarzen Punkt aus seiner ganzen Umgebung. Nachdem er geschossen hat, weiß er, ob er ins Ziel getroffen hat oder nicht. Unsere Gebete sollten ähnlich sein, damit uns hinterher klar ist, ob sie beantwortet wurden oder nicht. Wir müssen für ganz bestimmte Seelen beten. Aber für welche? Hier kommt uns wiederum der Heilige Geist zu Hilfe. Unsere Gebetsanliegen sollten vom

Geist geleitet sein. Wenn wir vor Gott stille werden, wird er uns bestimmte Anliegen aufs Herz legen, die im Bereich unseres Einflusses liegen. In Dr. Torreys erstem Pastorat legte Gott ihm zwei Menschen ans Herz. Er betete die ganze Zeit für sie, doch sie bekehrten sich nicht. So hielt er einige Zeit an, täglich für sie zu beten. Als er später einen Missionsfeldzug in jener Stadt durchführte, nahmen beide am selben Abend Christus an. Es handelte sich um ein vom Geist gelenktes Gebetsanliegen. Wie treffend ist das Wort der Schrift: »Desgleichen aber nimmt auch der Geist sich unserer Schwachheit an; denn wir wissen nicht, was wir bitten sollen, wie sich's gebührt, aber der Geist selbst verwendet sich für uns in unaussprechlichen Seufzern.« (Röm. 8,26)

Dann sollte unser Beten aber auch systematisch sein. Zu oft beten wir aufs Geratewohl um das, was uns in den Sinn kommt. »Denn Gott ist nicht ein Gott der Unordnung...« (1. Kor. 14,33a) Seine Kinder sollten es ihm gleichtun. Systematisches Beten wird dazu beitragen, jene Ausdauer zu entwickeln, die so oft offensichtlich bei unsern Gebeten fehlt. Wir beten und rennen gleich weg. »Dumme Jungen, die im Übermut auf alle Klingelknöpfe drücken«, sagte ein Puritaner, »die warten nicht, bis ihnen jemand öffnet; aber jemand, der etwas verkaufen will, wird klopfen und klopfen, bis ihm geöffnet wird.« – »Klopfet an, so wird man euch auftun...; denn wer anklopft, dem wird man auftun.« (Luk. 11,9.10) Lasst uns nicht den Hörer auflegen, bevor die Antwort über den himmlischen Draht kommt. »Die Menschen sollen immerfort bitten und nicht müde werden.« (Luk. 18,1)

Wenn man jedoch keinen Glauben hat, mögen alle erwähnten Vorkehrungen getroffen worden sein – und doch bleibt die Antwort aus. »Denn wer sich Gott nahen will, muss glauben, dass es einen Gott gibt.« (Hebr. 11,6) »Nur bitte er im Glauben, ohne irgendeinen Zweifel zu hegen, denn wer da zweifelt ... darf nicht erwarten, dass er etwas vom Herrn empfangen werde.« (Jak. 1,6.7) Rechnen Sie mit Gott in gutem Glauben. Grämen Sie sich nicht! Verunehren

Sie ihn nicht dadurch, dass Sie ihm nichts zutrauen! Er steht zu seinem Wort. Erwarten Sie das Unerwartete von ihm!

Der Autor kennt keine Methode, die klarer zum Ziel, zur Ordnung und Beharrlichkeit beim Beten führt, als die aus dem Buch »Throne of Grace« aus der Reihe »One by One«. Es besteht fast nur aus leeren Seiten, auf die die Namen der Menschen geschrieben werden sollen, für die der Schreiber durch den Heiligen Geist zur Fürbitte angehalten wurde. Außerdem ist dort Raum für das Eintragen der Antworten. Jeder kann so selbst sein eigenes Fürbittenbüchlein führen und die aufgeschriebenen Seelen beständig im Gebet vor Gott bringen. Beginnen Sie sofort damit! Sie werden erleben, wie Ihr Gebet sehr bald den Weg zum Zeugnisablegen vor diesem Menschen führt. Dann werden Sie auch bald die große Freude erleben, hinter einen der eingetragenen Namen Ihre Antwort zu schreiben.

Das Gebet ist Gottes mächtigstes Instrument bei der Errettung von Seelen. Es ist sogar zweifelhaft, ob je eine Seele ohne das gläubige Gebet eines Heiligen gerettet wurde. Von seiner eigenen Bekehrung schreibt Dr. J. Hudson Taylor: »Ich wusste in jener Zeit nur wenig von dem, was im Herzen meiner lieben Mutter, die über 100 Kilometer von mir entfernt war, vor sich ging. Sie stand damals an jenem Nachmittag mit dem heftigen Verlangen auf, für die Bekehrung ihres Sohnes zu beten. Sie fühlte es, dass ihr eine besondere Gelegenheit in Bezug auf mich von Gott gegeben war. So ging sie in ihr Zimmer, drehte den Schlüssel herum und verließ den Raum nicht eher, als bis ihre Gebete beantwortet worden waren. Stunde über Stunde flehte die liebe Mutter für mich, bis sie am Schluss nicht länger bitten konnte. Sie spürte plötzlich den Drang, Gott für das zu danken, was er – wie es ihr der Geist eingab – jetzt bewirkt hatte: Die Bekehrung ihres einzigen Sohnes.

Als unsere liebe Mutter uns vierzehn Tage später besuchte, war ich der Erste, der ihr an der Tür begegnete. Ich wollte ihr mitteilen, welche gute Neuigkeit ich für sie hatte. Heute noch fühle ich ihre Arme um meinen Nacken, als sie mich an sich drückte und sagte: ›Ich weiß, mein Sohn, vor vierzehn Tagen freute ich mich schon auf diese gute Nachricht, die du mir mitteilen würdest.‹

›Wieso?‹, fragte ich überrascht. ›Hat Amelie ihr Versprechen gebrochen? Sie hatte mir versprochen, es niemandem zu sagen.‹

Doch meine liebe Mutter versicherte mir, dass sie die Nachricht aus keiner menschlichen Quelle erhalten hatte. Dann erzählte sie mir von dem vorher erwähnten Vorfall. Hätte ich nicht als Gläubiger volles Vertrauen in die Macht des Gebets bekommen, wäre ich bestimmt sehr befremdet gewesen, nicht wahr?«

O Herr, lehr uns so zu beten!

IV. Gebote und Verbote für den Seelengewinner

Dies ist ganz besonders eine Schrift, die zur praktischen Anwendung führen soll. Sie hat ihren Zweck verfehlt, wenn nicht viele Leser von dieser faszinierenden, fruchtbaren Form des christlichen Dienstes angesprochen sind. Die Notwendigkeit echter Anteilnahme am Gewinnen von Seelen und die notwendige Qualifikation eines Seelengewinners wurden schon hervorgehoben. »So führt es denn jetzt aus!« (2. Sam. 3,18), wäre der nächste Schritt. Diese Kunst kann sonst auf keine andere Weise erprobt werden.

»Seelenrettung ist eine göttliche Kunst«, sagt Dr. T. C. Horton. »Die Menschen werden nicht als Seelengewinner geboren. Sie werden dazu gemacht. Es besteht eine weit verbreitete, falsche Auffassung unter Christen, was die Verantwortlichkeit dieses Dienstes angeht. Sie meinen, nur einige wären zu diesem Dienst berufen. Die Aufforderung gälte nicht allgemein. Man könnte es sich als Aufgabe erwählen oder nicht. Das ist falsch, unschriftgemäß und unlogisch. Das Gewinnen von Seelen für Christus ist der allerwichtigste Dienst, den es auf der Welt gibt. Jeder Gläubige ist dazu verpflichtet. Alle dürfen die Freude dieses Dienstes erleben, dürfen sich ihm ganz widmen. Alle, die sich weigern, diesen Dienst zu tun, verschmähen eine heilige Aufgabe und werden in der Ewigkeit einmal sehr arm sein.« Wenn das stimmt, dann gehen Sie frisch ans Werk!

1. Glauben Sie Gottes Versprechen, Ihnen Weisheit zu geben (Jakobus 1,5)

Viele halten sich von diesem Dienst fern, weil sie sich so wenig befähigt fühlen. Sie sind fest davon überzeugt, dass sie nie Erfolg haben werden. Doch der Heilige Gott hat gesagt: »Sollte aber jemand von euch Mangel an Weisheit haben, so erbitte er sie sich von Gott, der allen ohne weiteres und ohne laute Vorwürfe gibt; dann wird sie ihm zuteil werden.« Trauen Sie ihm nicht zu, dass er sein Wort hält? Oft richtet ein gestammeltes Wort, das aus echter Anteilnahme kommt, mehr aus, als ein redegewandter Vortrag. Selbst wenn wir allem Anschein nach versagen, kann Gott unsere Fehler segnen, wie folgende Geschichte zeigt.

Dr. L. G. Broughton sagte einst zu einem ziemlich gleichgültigen Mitglied seiner Gemeinde: »Warum reden Sie nicht mit irgendjemandem über Jesus Christus?«

»Ich will es tun«, antwortete dieser, ging durchs Seitenschiff der Kirche und setzte sich neben einen hoch begabten jungen Rechtsanwalt. »Möchten Sie in den Himmel kommen, wenn Sie sterben?«, fing er das Gespräch an.

»Ich weiß nicht«, antwortete der junge Mann.

»Nun gut, dann gehen Sie zur Hölle!« Er stand auf und verschwand.

Man braucht wohl nicht zu sagen, dass der Rechtsanwalt aufgebracht war. Der Pfeil saß! Als der junge Mann ein paar Tage später zu Dr. Broughton kam, gestand er: »Ich mag es nicht wahrhaben, doch die Bemerkung dieses tolpatschigen Mannes aus Ihrer Gemeinde klang mir unaufhörlich in den Ohren und wollte nicht verstummen. Zuletzt ging ich auf meine Knie und sagte: ›Herr, gib mir den Glauben dieses Einfältigen, der mich so wütend gemacht hat, ... und Jesus rette mich.‹«

Sie gingen zusammen zum Haus des Einfältigen, und während ihm die Tränen die Wangen herunterliefen, schüttelte der Anwalt ihm die Hände und sagte: »Sie sind der Mann, der mich zu Christus führte.«

Ich kann diese Methode der Annäherung natürlich nicht

empfehlen, doch ich muss zugeben, dass das Ergebnis seine Methode bestimmt wettgemacht hat. Sind Sie bereit, ein einfältiger Tölpel für Christus zu sein?

2. Bitten Sie um Befreiung von Menschenfurcht

Es ist wichtig, dass der Seelengewinner die Furcht vor den Menschen verliert. Einer meiner früheren Arbeitgeber, ein christlicher Anwalt, tat furchtlos seinen Dienst als Seelengewinner. Eines Tages, als mir wieder meine Menschenfurcht zu schaffen machte, wagte ich es, ihn zu fragen, ob er immer so kühn diesen Dienst getan hätte. Er erwiderte, er wäre so schüchtern wie jeder andere gewesen, bis er es eines Tages nicht länger aushielt. Er fiel auf seine Knie und las in der offenen Bibel Psalm 34, Vers 4: »Sooft ich den Herrn suchte, hat er mich erhört und aus allen meinen Ängsten befreit.« – »Herr«, betete er, »du hast David so geholfen. Hilf mir auch!« Von dem Augenblick an musste seine Schüchternheit einer heiligen Kühnheit weichen.

Solange wir abhängig sind von den Meinungen der Welt, wird unser Dienst eingeengt und gehemmt bleiben. Viele Christen trauen sich nicht, einen Eifer für die Rettung verlorener Seelen zu entwickeln, weil sie Angst haben, als seltsame Käuze abgestempelt zu werden. Beten Sie um Befreiung von dieser satanischen Furcht! Gott wird der schüchternsten und ängstlichsten Seele, die ihn darum bittet, diese Befreiung schenken.

3. Halten Sie gewissenhaft nach Gelegenheiten Ausschau

Ich habe mich von lauter Gelegenheiten umgeben gesehen, wenn ich bereit war, sie zu ergreifen. War ich jedoch nicht bereit, schienen sie sich mir zu entziehen. Zweifellos waren noch genug vorhanden, doch ich war blind für sie. Wir können so mit »höheren Dingen« beschäftigt sein, dass wir es ablehnen, zu unserem Milchmann, unserem Bäcker, Metzger oder zu unserer Putzfrau zu reden.

Folgendes Bekenntnis einer Missionssekretärin erschien

vor einigen Jahren in »The Missionary Review of the World.« Dort hieß es: »Ich half, eine große Tagung zu organisieren und war voll damit beschäftigt, aus dem Unternehmen einen Erfolg zu machen.

Am Eröffnungstag saß mein alter Vater, der an der Tagung teilnehmen wollte, mit mir beim Mittagessen im Hotel. Er hörte teilnahmsvoll meinem begeisterten Bericht über das großartige Programm zu. Als ich eine Pause einlegte, um Luft zu holen, lehnte er sich zu mir hinüber und sagte, während seine Augen den sicheren Bewegungen des Oberkellners folgten: ›Weißt du, liebe Tochter, ich glaube, dieser lange Oberkellner da wird Jesus Christus annehmen. Ich habe vorhin mit ihm über sein Seelenheil gesprochen.‹ Ich starrte ihn an und war viel zu sehr mit den Vorbereitungen zu dieser großen Tagung beschäftigt. Da hatte ich doch keine Zeit, an die Seele des Oberkellners zu denken!

Als wir dann in mein Zimmer kamen, putzte ein schwarzer Boy gerade meine Fenster. Jim war ehrlich und vertrauenswürdig und erledigte die Arbeit in meinem Heim zu meiner Zufriedenheit. Es vergingen kaum einige Minuten, als ich meinen Vater ernsthaft mit Jim über seine Errettung reden hörte. Plötzlich fühlte ich mich beschämt. Nun kannte ich Jim schon viele Jahre und hatte mit ihm nie ein Wort über sein Seelenheil geredet.

Dann kam ein Schreiner, um die Tür zu reparieren. Ich wartete ungeduldig darauf, dass er fertig würde, um seine Arbeitsbescheinigung zu unterschreiben. Voller Eifer wollte ich an meine Missionsaufgabe zurückgehen. Während ich wartete, hörte ich meinen Vater mit dem Mann über die Tür reden, die er gerade repariert hatte. Dann lenkte er ganz einfach und natürlich das Gespräch auf die eine Tür, die ins Königreich Gottes führt.

Auf der Straßenseite gegenüber wohnte ein Jude. Ich hatte mir vorgenommen, mich nach Möglichkeit um diese Leute zu kümmern und sie anzurufen – damals –, doch jetzt hatte ich so viel mit meiner Missionsarbeit zu tun, dass ich sie niemals angesprochen oder angerufen hatte. Als mein Vater ihnen auf der Straße begegnete, redete er mit ihnen über den einzigen Retter der Welt.

Ein Freund nahm uns mit zu einer Fahrt ins Blaue. Ich wartete darauf, dass mein Vater ins Auto stieg. Doch im Augenblick stand er noch draußen neben dem Chauffeur. Ich hörte ihn ernsthaft mit ihm über den Weg der Errettung reden. Als wir zu Hause waren, sagte er:

›Weißt du, ich fürchtete, nie mehr eine andere Chance zu haben, mit dem Mann zu reden.‹

Die Gattin eines prominenten Eisenbahners nahm ihn in ihrer eleganten Limousine mit. ›Ich bin froh, dass sie mich gebeten hat mitzufahren‹, sagte er, ›denn nun hatte ich die Möglichkeit, mit ihr über ihre Errettung zu sprechen. Ich glaube, niemand hat das vorher getan.‹

Solche Gelegenheiten boten sich mir zwar auch, aber sie zogen vorbei wie Schiffe in der Nacht, während ich angestrengt nach größeren Segeln am Horizont Ausschau hielt. Ich musste mich nun selbst fragen, ob meine Liebe mehr den Seelen oder den erfolgreichen Vorbereitungen von Tagungen galt.«

Ein Kommentar ist nicht nötig. Wir sind umgeben von Gelegenheiten: Zu Hause, in der Kirche, in der Sonntagsschule, unter Freunden, Verwandten, Nachbarn, Arbeitgebern, Angestellten, im Zug oder im Auto, in Parks oder auf der Straße – wenn wir nur willig sind, sie zu sehen. Nutzen Sie Ihre Gelegenheiten!

4. Nehmen Sie sich vor, eine Seele zu gewinnen

Sie mögen wohl vor der Aufgabe zurückschrecken, wenn man Sie bittet, zwanzig Seelen zu gewinnen? Haben Sie das je ernsthaft versucht? Sagen Sie nicht: »Das kann ich nicht.« Gott erwartet niemals etwas von uns, was wir nicht können. Bitten Sie den Herrn, Ihnen eine Seele aufs Herz zu legen, und dann fangen Sie an. Unvorhergesehene Gelegenheiten liegen hier vor Ihnen.

Dwight L. Moody, der spätere bedeutende Evangelist, wuchs in einer unitarischen Umgebung auf, kam in jungen Jahren nach Boston, besuchte dort eine Sonntagsschulklasse und wurde durch den festen Glauben des Sonntagsschulleiters zu einer klaren Entscheidung für Christus geführt. Als Andreas den Petrus zu Jesus brachte, gewann er durch Petrus am Pfingsttag 3000 Seelen für Jesus. Als Edward Kimball Moody zu Jesus brachte, gewann er durch Moody eine Million Seelen für Christus. Durch Sie kann sich eine ganze Welt Gott zuwenden. Eine Seele ist so wertvoll! Und wie viele Gelegenheiten schlummern in jeder gewonnenen Seele!

Man betrachte jedoch auch die negative Seite.

Joseph Smith, der später ein Leiter der Mormonen wurde, lebte in einem ärmlichen Zuhause eines bestimmten Stadtviertels. Ein Bauer kam auf seinem Weg zur Kirche jeden Sonntag an seinem Haus vorbei, doch er fragte den armen Burschen nie, ob er mit ihm fahren oder gar mit zur Sonntagsschule wollte. Die traurigen Konsequenzen dieses Fehlverhaltens wird man nie wieder gutmachen können. Unzählige Leben erstickten so in Hoffnungslosigkeit, und ganze Familien wurden zerstört. O die Tragödie eines solchen Versagens!

In jeder Gemeinde stecken mögliche Moodys oder Spurgeons und ebenso – leider! – mögliche Joseph Smiths! Es kann der eine oder andere in Ihrer eigenen Familie oder in Ihrer Nachbarsfamilie sein. Versuchen Sie, wenigstens eine Seele für ihren Herrn zu gewinnen!

Würden Sie wohl Ihren Namen unter folgendes Versprechen setzen, um ganz sicher zu gehn, dass Sie es auch wirklich tun?

Eine Seele gewinnen!

»Ich möchte mit Gottes Hilfe versuchen, jedes Jahr eine Seele für Christus zu gewinnen. Ich werde mich um sie bemühen, bis sie später dasselbe zu tun bereit ist.«

(Unterschrift) ______________________________

Einige Verbote

1. Achten Sie darauf, dass Sie nicht als ein Seelengewinner auffallen. Verbergen Sie Ihren Angelhaken! Falls Sie Traktate benutzen, halten Sie diese verborgen.

2. Befassen Sie sich nicht mit mehr als einer Seele zur gleichen Zeit. Versuchen Sie, mit dem »auserwählten Menschen« allein zu sein. Sonst wird er Ihnen niemals sein Herz öffnen und Ihnen seine tatsächlichen Schwierigkeiten aufdecken.

3. Lassen Sie sich nicht mit ihm in ein Streitgespräch ein, sonst werden Sie leicht von Ihrer Hauptabsicht abgetrieben. Wenige nur diskutieren gern über ihre Errettung. Nageln Sie Ihren Mann auf seine persönliche Verantwortung gegenüber Christus fest!

4. Versuchen Sie nicht, die Seelen an sich oder Ihre Erfahrungen zu binden. Trachten Sie danach, sie an Ihren Herrn zu binden.

5. Reißen Sie nicht allein die Unterhaltung an sich. Wenn Ihr Gegenüber Ihnen viel zu sagen hat, seien Sie ein geduldiger Zuhörer. Sie werden besser mit ihm zu Rande kommen, wenn Sie seinen Standpunkt kennen. Früher oder später wird er mit seinem Reden am Ende sein, und Ihre Chance naht.

6. Geben Sie sich grundsätzlich nicht mit Personen andern Geschlechts ab. Wenn möglich, überweisen Sie diese zu jemandem gleichen Geschlechts. Es steht einem jungen Mann oder einer jungen Frau nicht gut an, immer nach einer Person des andern Geschlechts Ausschau zu halten.

7. Wählen Sie sich in der Regel keinen Menschen aus, der viel älter ist als Sie. Natürlich gibt es Ausnahmen zu diesem und dem vorherigen »Verbot«.

8. Verlassen Sie sich nicht auf Ihre eigenen Fähigkeiten, Ihre Überzeugungskraft oder Ihre Schriftkenntnis. Nehmen Sie die Haltung beständiger Abhängigkeit vom Heiligen Geist ein, um sein Schwert recht zu führen.

9. Geben Sie nicht zu viele Bibelstellen und Erläuterungen. Haben Sie drei oder vier Stellen bereit, die die Nöte

und die Heilmittel dagegen aufdecken, sowie eine oder zwei angemessene Erklärungen dazu. Beantworten Sie Schwierigkeiten lieber vom Wort Gottes her, als von Ihren eigenen Erfahrungen.

10. Seien Sie nicht ungebührlich familiär mit einem Ratsuchenden. Vermeiden Sie es, die Hand auf seine Schulter oder seinen Arm zu legen, was oft Befremden hervorruft.

11. Werden Sie nicht ungeduldig, selbst wenn Grund dazu vorhanden ist. Vergelten Sie Böses mit Gutem.

12. Mischen Sie sich nicht ein, wenn schon ein anderer sich um jemanden bemüht. Greifen Sie niemals in einem kritischen Moment ein um zu unterbrechen. Sie mögen annehmen, es viel besser zu können als der andere – und vielleicht stimmt es sogar –, doch das ist nicht der richtige Zeitpunkt für Sie. Ebenso sollten Sie auch nicht anderen erlauben, Sie zu unterbrechen.

13. Überstürzen Sie nichts und tun Sie keine schlechte Arbeit. »Wer glaubt, der flieht nicht.« (Jes. 28,16)

14. Lassen Sie sich durch offensichtliche Fehler nicht entmutigen. Beten Sie und denken Sie über alles nach, was Sie falsch gemacht haben. Bitten Sie den Herrn, Ihnen zu zeigen, wie Sie beim nächsten Mal in solch einem Fall handeln sollten. So werden Ihre Fehler vielleicht Stufen zum Weiterkommen. Das Wort Gottes geht in keinem Fall fehl!

15. Vergessen Sie nie, dass Ihnen zwei Waffen zur Verfügung stehen: »Das Schwert des Geistes« (Eph. 6,17) und das »Betet allezeit« (Eph. 6,18). Machen Sie vollen Gebrauch von beiden!

V. Eine alttestamentliche Illustration und ein neutestamentliches Beispiel

»Mein Bruder, ich verstehe nicht, wie christlicher Dienst überhaupt fruchtbar sein kann, wenn der Diener nicht vor allem mit dem Geist eines tiefen Mitgefühls getauft ist. Wir können niemals die Wunden heilen, die wir nicht mitempfinden. Herzen ohne Tränen können niemals Boten der Liebe sein. Wir müssen selbst bluten, wenn wir Diener des rettenden Blutes sein wollen. Darum ziehet an als Gottes Auserwählte herzliches Erbarmen.«

J. H. Jowett D. D.

Die alttestamentliche Illustration

Das Wort »gewinnen«, das so oft in Verbindung mit dem Thema dieser Abhandlung gebraucht wird, kann mit Recht auf das Erobern menschlicher Gefühle angewendet werden. So wird auch vom Apostel Paulus die Gestalt des Bräutigams, der seine Braut umwirbt und zu gewinnen trachtet, auf den geistlichen Bereich übertragen. In Römer 7,4 spricht er von dem Gläubigen, der eine Ehe eingegangen ist – mit Christus. Es kann doch kein schöneres Bild für die Arbeit des Seelengewinners geben als das Werben des Dieners Abrahams, des alten Eliesers, um Rebekka als Braut für Isaak. Diese delikate Aufgabe, mit der er betraut worden war, findet heute eine Parallele in der Aufgabe des christlichen Seelengewinners. Wie Elieser für Isaak, so soll auch der Seelengewinner eine Braut gewinnen, eine Braut für Christus – eine Gemeinde. Lassen Sie uns diesen Diener und seine Methode, wie sie uns in 1. Mose 24 berichtet wird, näher betrachten.

1. Seine Qualifikationen

a) Elieser war in Abrahams Haus geboren (1. Mose 15,3) und kannte darum seinen Herrn besonders gut. Er wusste auch, was Abraham mit Isaak im Sinn hatte. Ebenso muss ein Seelengewinner durch eine enge Gemeinschaft mit Gott zu einem innigen Verständnis der Pläne Gottes mit seinem Sohn und der Gemeinde kommen.

b) Sein ganzes Sein hatte er vorbehaltlos in den Dienst dessen gestellt, der ihn praktisch von seinem Platz verdrängte; denn wenn Isaak nicht geboren wäre, hätte Elieser als Abrahams Erbe dessen Reichtum bekommen (Vergl. 1. Mose 15,2-4; 24,36 mit Joh. 3,30).

2. Seine Mission

a) Abraham offenbarte ihm seine geheimsten Absichten, eine Frau für seinen Sohn zu gewinnen. Und ähnlich hat Gott uns seine geheimen Absichten bezüglich seines eingeborenen Sohnes kundgetan (Apg. 15,14).

b) Elieser erhielt bestimmte Anweisungen, wohin er gehen durfte und wohin er nicht gehen sollte. Es war zwecklos, dorthin zu gehen, wo die auserwählte Braut nicht war. Es wurde nicht von ihm erwartet, jedes junge Mädchen anzusprechen, das er unterwegs traf. So muss der Seelengewinner auch nicht mit jedem Menschen reden, der seinen Weg kreuzt, sondern nur mit denen, zu welchen ihn der Heilige Geist führt. Diese Bereitwilligkeit des Seelengewinners, Christus jedem nahe zu bringen, zu dem ihn der Heilige Geist führt, gehört zu seinem Dienst.

c) Er war selbst allen Eigenruhms beraubt, aber auch von aller Verantwortung befreit (Vers 8). Ein Engel musste ihm vorausgehen (Vers 7), um das Herz der erwählten Braut für die Arbeit des Seelengewinners vorzubereiten. Für den Fall, dass die Frau seiner Einladung nicht Folge leisten würde, war er von aller Verantwortung befreit (Vers 8). Unsere Verantwortung erstreckt sich auch nur auf die treue, gläubige Weitergabe der Botschaft Gottes.

3. Sein Verhalten

a) Elieser unterschätzte die Schwierigkeit nicht, eine Frau zu überreden, mit ihm, einem Fremden, mitzugehen, um die Braut eines jungen Mannes zu werden, den sie nie vorher gesehen hatte. Er selbst kannte zwar die Vorteile und die Ehre, eine Braut Isaaks zu sein, doch Rebekka hatte keinerlei Vorstellung davon. Ebenso kennt der Diener Christi die unerforschlichen Reichtümer seines Herrn, doch er hat nichts, was sich an die Sinne der Angesprochenen wendet, und muss manchmal fürchten, dass das Angebot seines Herrn zurückgewiesen wird. Genau hier also muss er sich auf die Hilfe von oben verlassen.

b) Elieser schlug ein typisch menschliches Hilfsmittel vor: er wollte Isaak mitnehmen. Doch Abraham lehnte diesen Vorschlag entrüstet ab (Vers 6). Isaak sollte der Frau durch eine mündliche Botschaft des erwählten Botschafters vorgestellt werden. Manchmal erscheint uns das Wort Gottes schmerzlich unzulänglich, um eine Seele von der Welt weg zu Christus zu locken. Und doch, wenn dieses Schwert in der Kraft des Geistes Gottes geschwungen wird, ist es »kräftig und wirksam«. Es stimmt immer noch, dass der Glaube aus dem Hören und das Hören aus dem Wort Gottes kommt.

c) Seine Abhängigkeit von Gott entband ihn nicht von eigenen Bemühungen. Er betete und handelte, als ob alles von ihm allein abhinge. Er wusste, dass Gott dem Isaak schon die Braut ausgesucht hatte, doch er betete, dass er zu dieser einen geführt würde. Hierin unterstellte er sich ganz Gottes Führung. Er unternahm dieses Glaubenswagnis. »Geradewegs zum Hause des Verwandten meines Herrn hat mich der Ewige geführt.« Der Lotse kann das Schiff nicht leiten, solange es noch am Kai vertaut ist.

d) Er ordnete seine eigene Bequemlichkeit und seine

Interessen denen seines Herrn unter. Er drängte sich niemals selbst in den Vordergrund, sondern sagte immer nur »mein Herr meint« (vergl. Vers 12.27.34). Ja, er wollte sogar nicht eher essen, als bis er sein Herzensanliegen vorgetragen hatte (Vers 33). Die Lektion ist völlig klar!

4. Seine Methode

a) Elieser betete, bevor er den Vorschlag machte (Vers 12), und während der Verhandlung (Vers 26). Er vergaß auch nicht, Gott zu loben, als er merkte, dass seine Gebete erhört worden waren (Vers 15).

b) Er richtete seine Botschaft klar und einfach aus. Abraham hatte einen wunderbaren Sohn, dem er all seinen Reichtum vermacht hatte. Er wünschte eine Braut für seinen Sohn, und auf Rebekka fiel die göttliche Wahl. Würde sie einwilligen? »Der Vater liebt den Sohn und hat alle Dinge in seine Hände gelegt.« Die Aufgabe des Seelengewinners besteht darin, die Tatsachen des Evangeliums klar und ansprechend zu präsentieren, um Seelen zu bewegen, den Sohn anzunehmen.

c) Er übte keinen ungebührlichen Druck aus, obwohl ihm sehr viel am »Ja« der Angesprochenen lag. Es gibt immer Augenblicke der Aufregung und Ungewissheit, wenn die Seele an dem Punkt einer Entscheidung für Christus angelangt ist. Doch es muss das Werk des Heiligen Geistes bleiben, die Seele zu »ziehen«, damit sie zu Christus »Ja« sagt. Der weise Seelengewinner erzwingt diese Entscheidung nicht. Selbst Elieser wartete eine ganze Nacht, damit Rebekka in Ruhe ihre Entscheidung durchdenken konnte. (Ohne Zweifel verbrachte Elieser wohl die größte Zeit der Nacht im Gebet.) Doch er wurde dafür wohl belohnt, als sie antwortete: »Ich will mitgehen.«

d) Er erwartete einen baldigen Erfolg. Weniger als ein Tag war vergangen, als die Braut auch schon auf dem Weg war, Isaak zu begegnen. Sie lernte allerdings auch Widerstand kennen. Ihre Mutter und ihr Bruder wünschten, dass sie wenigstens noch zehn Monate bliebe. Aber Elieser wollte davon nichts wissen. »Haltet mich nicht auf!« Satan ist Meister aller Zauderer und derer, die alles auf die lange Bank schieben. Doch eine Seele ist zu kostbar, um – kaum gewonnen – wieder verloren zu gehen. Rechnen Sie darum mit plötzlichen Bekehrungen.

Unser letzter Blick auf Elieser zeigt ihn in Gemeinschaft mit Isaak (Vers 56). Er hat seine Mission erfüllt, die Braut dem Bräutigam zugeführt. So gibt er noch einen Bericht seines gesegneten Weges und zieht sich dann zurück, so dass Isaak und Rebekka allein bleiben. Wenn uns in unserem Missionsauftrag Erfolg beschieden wurde, wollen wir Eliesers stillem Zurücktreten nacheifern.

Das neutestamentliche Beispiel

Ist Ihnen schon aufgefallen, dass der größte Teil dessen, was unser Herr bei seinem irdischen Dienst an Ernte einbrachte, handgesammelte Früchte waren?

Sieben der Apostel – und vielleicht die übrigen vier ebenfalls – wurden von ihm gewonnen, weil er sich persönlich um jeden Einzelnen von ihnen bemühte. Im Matthäus- und Johannesevangelium werden diesbezüglich nicht weniger als 16 private Gespräche erwähnt. Es hat sicher seinen Grund, warum der Meister persönliche Seelengewinnung für so wichtig hält. Und er ist auch hierin – ebenso wie in allen anderen Dingen – unser Vorbild.

Christus war ein Meister im Gewinnen von Seelen. Weil er wusste, was in dem von ihm geschaffenen Menschen war (Joh. 2,25), und weil er das Wirken des menschlichen Geistes kannte, sind seine Methoden beim Ansprechen von Menschen aus allen Schichten höchst aufschlussreich und wichtig für seine Nachfolger. Lassen Sie uns einige Lektionen von ihm lernen!

1. Jesus war nicht klassenbewusst und hatte keinen Standesdünkel. Er sprach mit der herrschenden Klasse, zum Beispiel mit dem reichen Jüngling, und mit Nikodemus. Er sprach mit Leuten der Mittelklasse wie etwa mit Zachäus und lehnte es auch nicht ab, mit den von der Gesellschaft Ausgestoßenen zu reden wie mit der Frau aus Samarien. So war er bereit, allen sein Bestes zu geben.

2. Jesus begegnete ihnen taktvoll. Häufig begann er mit einem Thema, das allgemeine Aufmerksamkeit erregte, und ging dann erst zu geistlichen Dingen über. Seine Frage an den Leprakranken lautete: »Willst du gesund werden?« Natürlich war dieser brennend daran interessiert. Nikodemus begegnete er auf dem Boden seiner Fragen, als er mit ihm über das Königreich Gottes sprach. Er führte das Gespräch mit der Frau aus Samarien zunächst über das Brunnenwasser, um dann vom lebendigen Wasser zu sprechen. Er sagte dem Fischer Petrus, erst nachdem er Interesse für seinen Beruf zeigte, dass er ihn zum Menschenfischer machen würde.

3. Jesus sprach lieber ein Lob als ein Verdammungsurteil aus. Ehrliches Lob ist einer der kürzesten Wege, die zum Herzen des Menschen führen. Unser Herr entdeckte sicher viele Mängel im Charakter des Nathanael, doch er lobte ihn zu Beginn seines Gesprächs, dass er ohne Falsch sei. Wahrscheinlich wird kein Verhalten so schnell Vorurteile abbauen wie solch ein Gesprächsbeginn. Hartes Aburteilen stößt immer ab und verschließt die Herzen gegen weitere Vorstöße.

4. Jesus veranschaulichte seine Reden durch einfache Gleichnisse aus dem Lebensbereich seiner Zuhörer.

5. Jesus lehnte es ab, sich in fruchtlose Diskussionen hineinziehen zu lassen. Ein streitsüchtiger Schriftgelehrter erwartete von ihm eine Antwort auf die spitzfindige Frage: Wer ist denn mein Nächster? Doch Jesus entwaffnete ihn mit dem Gleichnis vom barmherzigen Samariter. Da gingen dem Fragesteller die Gegenargumente aus. So vermied der Herr es, von der Hauptsache auf Nebensächlichkeiten abzuschweifen.

6. Jesus weinte und betete für die Errettung der Menschen und war überzeugt, dass, wenn er nicht mit Tränen säte, er auch nicht mit Freuden ernten würde. Und er nahm gern Unannehmlichkeiten auf sich, wenn er damit einer Seele zum Segen sein konnte.

7. Jesus versäumte nicht, seinen Lehren praktische Anwendungen beizufügen. Als die Frau aus Samarien ihre

Bekannten zusammenrief, damit sie sich Jesus anschauen sollten, sagte sie: »Kommt und seht einen Menschen, der mir alles gesagt hat, was ich getan habe.« Zu Nikodemus sagte er: »Du musst von Neuem geboren werden.«

8. Jesu geheiligtes Leben untermauerte die Vollmacht seines gesprochenen Zeugnisses.

Ein Beispiel

Abschließend möchte ich mit den Worten von Robert Lee (aus der »Outlined Bible«) die Methode unseres Herrn veranschaulichen.

Der Fall: Die Frau aus Samarien (Joh. 4):

a) Ehebrecherin.

b) Feinfühlig, nicht ohne Scham, da sie mittags zum Wasserholen geht, was sonst kaum jemand in den heißen Ländern um diese Zeit tun würde.

c) Ein Mensch, der in der Religion die Form wahrt.

d) Stolz auf ihre Abstammung (Vers 12).

e) Frivol (Vers 15). Sie hat eine Zunge, die schnell bereit ist, ernste Dinge ins Spaßhafte zu ziehen.

Die Methode:

a) Jesus ging von seinem eigentlichen Weg ab.

b) Er war nicht traditionsgebunden. »Es soll niemand auf der Straße mit einer Frau sprechen, nein, auch nicht mit seiner eigenen.« (Rabbis)

c) Er war unanstößig und arrangierte keine Zusammenkunft in der Dämmerung, sondern am hellen Tag.

d) Er nahm Unannehmlichkeiten auf sich, um mit ihr zu reden.

e) Er war taktvoll und fragte sie nicht in der Gegenwart anderer aus, machte ihr keine Vorwürfe und schimpfte nicht. Stattdessen bat er sie um einen Gefallen und versuchte dann, ihr geistliche Wahrheiten durch bekannte Dinge aus dem Alltagsleben klar zu machen. Erst dann wurde er deutlicher. Er ließ sich nicht ablenken (Vers 19+20). Doch er übersah auch nicht ihren Einwand (Vers 21).

Es ist aufschlussreich, welche Barrieren die Frau in ihrer Abwehrstellung aufrichtete – die sittliche Barriere (Vers 9) und die religiöse Barriere (Vers 19+20). Doch der Herr stößt sie um und deckt zu ihrem Erstaunen das Innerste ihres Herzens auf. Sicherlich versuchte sie auf jede Weise, dem zu entgehen, doch der Herr blieb fest. Zuerst erinnerte sie ihn an ihre Abstammung (Vers 12), dann erzählte sie nur eine halbe Wahrheit, um ihre Schuld zu verschleiern (Vers 17), und stimmte ihm endlich zu, um den Schlag abzufangen (Vers 17). Doch in jedem Fall führte Jesus sie zu ihrer Schuld zurück, die ja ihre eigentliche Not war.

Den Höhepunkt dieses Gesprächs erkennen wir in den Versen 25 und 26, in denen Jesus sich selbst als der Messias zu erkennen gibt. Das ist immer das Hauptziel aller persönlichen Seelengewinnung.

VI. Gelegenheit – Annäherung – Diagnose

1. Gelegenheit

Obwohl dieses Thema schon kurz in einem vorangehenden Kapitel gestreift wurde, verdient es noch eingehendere Betrachtung.

Im Studio eines alten griechischen Bildhauers stand ein seltsames Kunstwerk. Es handelte sich um eine Statue, deren Haare um den Kopf geschlungen waren, so dass sie das Gesicht bedeckten. An jedem Fuß war ein Flügel. Die Figur stand auf den Zehenspitzen. Ein Besucher fragte nach dem Namen, und der Bildhauer antwortete: »Gelegenheit.«

»Warum ist denn das Gesicht verhüllt?«

»Weil die Menschen sie selten erkennen, wenn sie sich ihnen bietet«, lautete die Antwort.

»Und warum steht sie auf den Zehenspitzen und hat Flügel?«

»Weil man sie nie mehr einholen kann, wenn sie einmal vorüber ist.«

Ein bekannter Christ und Seelengewinner betrat einmal ein Geschäft, als irgendetwas ihn innerlich drängte: »Sprich mit dem Angestellten! Sprich mit ihm!« Statt darauf zu hören, ging er hinaus. Doch die Stimme hörte nicht auf zu mahnen. Schließlich kehrte er um und fragte nach dem Angestellten. Der Eigentümer des Geschäfts antwortete: »Wir haben hier vor einigen Augenblicken eine Tragödie erlebt. Kaum waren Sie gegangen, da lief der Angestellte, der Sie vorhin bedient hatte, ins Hinterzimmer und schoss sich eine Kugel durch den Kopf. Er liegt noch dort, falls Sie ihn sehen möchten.«

Die Gelegenheit war unwiederbringlich vorbei – und mit welchen schrecklichen Konsequenzen für die Ewigkeit! Unser Weg ist oft besät mit Gelegenheiten, doch die meisten davon werden nicht erkannt und nicht ergriffen.

a) Gelegenheiten zu Hause

Eine Frau, die eifrig darauf bedacht war, dem Herrn zu dienen, sah in dem Mann vom Gaswerk, der die Gasuhr abstellen wollte, einen Kandidaten für die Ewigkeit. Sie hielt ihm eindringlich vor Augen was Christus von ihm erwartet und erlebte die Freude, diesen Mann zum Herrn zu führen. Eine andere erblickte und ergriff dieselbe Gelegenheit beim Milchmann, der wöchentlich kam, um das Geld zu kassieren. Sie erlebte dasselbe segensreiche Resultat. Haben Sie nicht auch solche Gelegenheiten? Und was ist mit Ihren eigenen Kindern? Haben Sie die zahllosen Gelegenheiten des Zusammenseins genutzt? 2. Könige 5,1-5 berichtet davon, wie ein Dienstmädchen das Heil ins Haus eines syrischen Generals brachte. Lord Shaftesbury wurde ebenfalls durch eine Angestellte zu Christus geführt. Andreas brachte seinen Bruder Petrus zum Herrn. Unser Familienkreis hat das erste Anrecht auf unser Zeugnis.

b) Gelegenheiten in der Sonntagsschule oder in der Bibelstunde

Es genügt nicht, vor der ganzen Klasse den Weg der Errettung aufzuzeigen. Des Lehrers Vorrecht und Pflicht ist es, die Schüler der Sonntagsschule einzeln zu Christus zu führen. Das kann in vielen persönlichen Gesprächen geschehen.

c) Gelegenheiten während der Gesellschaft mit anderen

»Unser Kaffeekränzchen gefällt mir nicht mehr«, beklagte sich eine Dame bei einer anderen. »Wir reden nur über unsere Nachbarn, den neuesten Film, das letzte Buch, doch damit vergeuden wir nur die Zeit. Warum können wir nicht für unsere Zusammenkünfte beten und alles daransetzen, dass ein guter Einfluss von unserem Kreis ausgeht?« Sie taten es. Beim nächsten Mal spürte man zwischen dem Rascheln der Seide und dem sich verbreitenden Duft der Blumen auf einmal die Gegenwart Gottes, und das Gespräch über Gott war ganz natürlich. Nur wenige erkennen und ergreifen im gesellschaftlichen Beisammensein die gegebenen Gelegenheiten.

d) Gelegenheiten in der Kirche

Eine Einladung des Predigers an alle, die über Glaubensfragen reden wollten, wurde zu einer fruchtbringenden Einrichtung.

Er stellte nach dem Gottesdienst den Gemeindesaal zur Verfügung. Eine freundliche Frage eines Gemeindegliedes an den Gastbesucher, wie diesem der Gottesdienst gefallen habe, brachte nur zu oft ans Licht, dass dieser bisher ängstlich vermieden hatte, geistliche Themen anzuschneiden.

e) Gelegenheiten unterwegs

Straßenbahnen, Eisenbahnen und Schiffe können dem eifrigen Seelengewinner genügend Gelegenheiten bieten, andere mit seinem Herrn bekannt zu machen. Sir George Williams, der Gründer des CVJM, machte es sich zur Angewohnheit, beim Überqueren des Atlantiks mit jeder Person an Bord zu sprechen, vom Kapitän bis zum Heizer, vom Kartenspieler im Raucherzimmer bis zum Auswanderer im Zwischendeck. Bemerkenswert daran war, dass er sich nicht erinnerte, jemals ein böses Wort oder gar Spott als Antwort erhalten zu haben. Ich selbst habe viele erstaunliche Erlebnisse und Erfahrungen von Gottes Führung gemacht, bei Gesprächen mit Mitreisenden oder solchen, die auf den Zug warteten.

D. L. Moody machte es sich zur Lebensaufgabe, in der Straßenbahn Menschen anzusprechen. Es wird von ihm erzählt, dass, als er wieder einmal einem Mitreisenden die Frage stellte: »Sind Sie Christ?«, der Mann erwiderte:

»Nein, mein Herr, aber ich wünschte, ich wäre einer.« Noch während der Fahrt führte Moody diesen Mann zu Christus.

f) Gelegenheiten unter Kollegen
Ein Student kann sehr gut einen anderen Studenten erreichen und eine Dame der höheren Gesellschaftsschicht eine andere Dame ihres Standes. Ein Invalide im Rollstuhl hat gute Anknüpfungspunkte bei anderen behinderten Menschen. Und eine Krankenschwester kann Kolleginnen und Patienten ansprechen.

2. *Annäherung*

Der Seelengewinner sollte danach streben, auf eine einfache und natürliche Art auf Glaubensdinge zu sprechen kommen zu können. Es erfordert schließlich Takt und Geschick, ein Gespräch von alltäglichen auf heilige Dinge zu lenken. Man muss immer bereit sein, über Christus zu reden, und Vorschläge machen können, wie man ihm am Besten nachfolgen kann.

Bleiben Sie in Ihrer Umgangsart und Sprechweise natürlich. Lassen Sie durchblicken, dass Ihre religiösen Übungen erfreuliche Bestandteile Ihres Alltags sind. Nach einer Evangelisation stellten einige Christen fest:

»Die Ansprache scheint die Zuhörer ja nicht gerade umgeworfen zu haben. Zeigen wir doch durch unser Verhalten, dass es sich lohnt, Christ zu sein!«

Lernen Sie die Kunst, ein alltägliches Gespräch auf geistliche Themen zu lenken, wie Jesus es bei der Frau in Samarien tat. Ein Student machte gerade eine Aufnahme von einem großen Schiff, das längs der Kaimauer lag. Ein junger Mann neben ihm ließ die Bemerkung fallen: »Das Ding ist sicher wie die Hölle.« Der Student fragte darauf, ob er damit feststellen wolle, dass die Hölle tatsächlich sicher sei. So lenkte er das Gespräch auf geistliche Bahnen und konnte den anderen sogar zu Christus führen.

Einmal bemühte sich ein Mann, einer gläubigen Hausfrau ein Fleckenwasser zu verkaufen. Nachdem sie es erworben hatte – was für sie ein wichtiger, erster Schritt zur

Kontaktaufnahme war –, sagte sie: »Ich kenne auch etwas, das Flecken entfernt.« – »Was denn?« Nun war die Tür offen, das Interesse geweckt, und sie antwortete: »Das Blut Jesu Christi.«

Haben Sie immer etwas bei sich, was sie anderen anbieten können, sei es ein Traktat, eine Einladung zu einer Evangelisation oder zu einem Gottesdienst. Angenommen, es handelt sich um ein Traktat mit dem Thema: »Gottes Weg der Rettung«, dann könnte man den anderen mit freundlichem Lächeln fragen: »Haben Sie etwas dagegen, eine kleine Schrift zum Lesen anzunehmen? Sie erzählt von Gottes Weg zu unserer Errettung.« – »Ich bin nicht sicher, ob ich das lesen werde.« – »Haben Sie dann etwas dagegen, wenn ich Ihnen jetzt den Inhalt mündlich mitteile?«

Oft ist es hilfreich, einem anderen entgegenzukommen, indem man ihm eine Handreichung erweist oder einen Gefallen tut.

Manchmal führt auch schon die direkte Frage »Sind Sie Christ?« zu einem erfolgreichen Gespräch. Das war zum Beispiel die erprobte Methode von Onkel John Vassar, einem wunderbaren Seelengewinner. Er war Mitglied in Gordons Kirche in Boston. Einmal richtete er diese Frage an zwei Damen.

»Na klar«, war ihre Antwort.

»Sind Sie denn wiedergeboren?«

»Wir sind hier in Boston«, erwiderten die Damen, »und damit Sie's wissen, wir halten nichts von dieser Lehre.«

John Vassar zog schnell seine Bibel aus der Tasche und erklärte ihnen, was Gott dazu sagte. Kurze Zeit später lagen sie auf den Knien. An jenem Abend erzählte eine der Damen ihrem Mann von ihrer Begegnung mit Onkel John Vassar. »Ich wollte, ich wäre dabei gewesen!« – »Was hättest du denn getan?« – »Ich hätte ihm gesagt: ›Schuster, bleib bei deinen Leisten.‹« »Wenn du dabei gewesen wärst, hättest du erfahren, dass er tatsächlich bei seinen ›Leisten‹ ist.«

3. Diagnose

Die erste Aufgabe des Arztes besteht darin, bei jedem

Krankheitsfall zunächst einmal eine richtige Diagnose zu stellen, um dann die richtige Arznei verordnen zu können. So ist es auch beim Seelenarzt. Er erforscht zunächst die innere Verfassung der Patienten. Zunächst mögen die Fragen ganz allgemeiner Art sein, um erst später ins Detail vorzudringen. Mit wem habe ich es zu tun, mit einem standhaften oder müden Christen, mit einem dem Evangelium total Fernstehenden, einem Verführer, Verirrten, Verstockten, einem Zweifler, Not Leidenden etc.? Das kann nur durch vorsichtiges Fragen erkannt werden. Beginnen Sie zum Beispiel mit der Frage: »Haben Sie jemals eine Entscheidung für Christus getroffen?« Wenn die Antwort eine Bestätigung ist, versuchen Sie als Nächstes herauszubekommen, ob der Mensch wirklich wiedergeboren ist. Wenn auch das feststeht, erforschen sie, in welcher augenblicklichen Verfassung sich ihr Gegenüber befindet. In den folgenden Kapiteln werden Anleitungen gegeben, was man bei denen tun muss, die durch Irrlehren verführt wurden, die ernste Schwierigkeiten haben oder falsche Ausflüchte machen.

VII. Wie begegnet man den verschiedenen Gruppen

Wir wollen uns nun der eigentlichen Arbeit an den Bekehrten und Unbekehrten zuwenden.

A) Bekehrte

Sie werden bei Ihrer seelsorgerlichen Tätigkeit zwei Hauptgruppen begegnen, den offensichtlich Zurückgefallenen und denen, deren Glaubensleben nicht zufrieden stellend ist.

1. Rückfällige

Zunächst gilt es, sich zu vergewissern, ob der, mit dem Sie es zu tun haben, eine echte Bekehrung erlebt hat.

Wenn die betreffende Person nicht zu einem Neuanfang bereit ist, sich aber doch »nach der guten, alten Zeit« zurücksehnt, weisen Sie ihn hin auf Jeremia 2,5.13.17 und 19. Zeigen Sie ihm anhand dieser Aussagen seine Undankbarkeit, Bitterkeit und Dummheit, die ihn auf seinem gottlosen Weg verharren lassen. Malen Sie ihm die Folgen seines Verhaltens für sein weiteres Leben vor Augen. Verweisen Sie auch auf 1. Könige 11,9; Amos 4,11; Lukas 11,24; 2. Petrus 2,20-22.

Wenn dieser Mensch jedoch echte Besorgnis wegen seiner Sünden zeigt und wünscht, zum Herrn zurückzukehren, dann ist es eine große Freude, ihm die Güte und Langmut unseres Herrn zu bezeugen. Das ist Balsam für ein verwundetes Herz. Beachten Sie, wie freundlich der auferstandene Herr den reumütigen Petrus behandelte, indem er zu Maria sagte: »Geh und erzähle es meinen Jüngern und Petrus...« Die erste Aufgabe besteht darin, einem Zurückgefallenen zu zeigen, dass Gott alle annimmt, die willig sind, zu ihm zurückzukehren. Verweisen Sie hier auf Hosea 14,1-4. Das sind frohe Verheißungen der Erneuerung! Auch Lukas 15,11-24 hat schon manchen müden Wanderer erquickt, der aus der Fremde wieder zurück ins Vaterhaus fand. Dann raten Sie ihm auf die Knie zu gehn und ein volles, klares Schuldbekenntnis abzulegen und Gott wegen seiner Sünden um Vergebung zu bitten (Jer. 3,13; 1. Joh. 1,9). Das ist für die Wiederannahme absolut notwendig. Wenn er das getan hat – Erkennen und Bekennen der Schuld, sowie Absagen an die Sünde –, zeigen Sie ihm, was Gott getan hat: Vergebung, Reinigung und Wiederannahme. Bringen Sie ihn dahin, dass er Gott dankt, dass er ihn wieder in die Gemeinschaft mit sich aufgenommen hat. Manchmal kommt es zum inneren Zerbruch und zu echter Buße, wenn der Seelsorger mit dem Sünder Psalm 51 durchbetet.

2. *Christen, deren Glaubensleben mangelhaft ist*

Zuerst ermitteln Sie die Gründe hierfür. Die Ursachen zu geistlichem Absinken sind in den meisten Fällen dieselben: Vernachlässigen des Gebets, des Bibellesens, des Zeugendienstes, sowie Weltliebe, Sünde und Zweifel, keine volle Gewissheit der Errettung, kein Sieg über die Sünde.

a) Vernachlässigen des Gebets. Das ist eine häufige Nachlässigkeit unter Christen und neben dem Vernachlässigen des Bibellesens vielleicht die Hauptursache zum Lauwerden im Glauben. Vor einiger Zeit traf ich einen netten, jungen Mann, der eine echte Bekehrung erlebt hatte und gewillt war, seinen Weg mit Gott zu gehen. Trotzdem machte er keine Fortschritte. Auf meine forschende Frage hin gab er zu, dass er nicht regelmäßig die Bibel lese und bete. Nachdem ich ihm den Wert der Bibellese und des Gebets im Leben eines Christen erklären konnte, sagte er: »Ich wusste das nicht, und niemand hat es mir gesagt, dass ich nur so als Christ wachsen kann.« Es war ergreifend, ihn dann beten zu hören, so als hätte Gott ihm etwas Großartiges offenbart. Nehmen Sie es nicht als selbstverständlich an, dass junge Bekehrte regelmäßig die Bibel lesen und beten. Weisen Sie diese darauf hin. Bemühen Sie sich, den Grund für die Nachlässigkeit im Gebetsleben herauszufinden, und decken Sie mögliche Ursachen auf (Jak. 4,3). Weisen Sie auf den Wert der Stillen Zeit hin (Matth. 6,6) und auf das Beispiel Jesu (Matth. 14,13-23; Mark. 1,35), ebenso auf das Vorbild anderer Gottesmänner (Psalm 55,17; Dan. 6,10; Matth. 26,41; Eph. 6,18).

b) Vernachlässigen des Bibellesens. Weisen Sie nachdrücklich darauf hin, welchen Platz die Bibel im Leben eines glücklichen Gotteskindes einnehmen muss. Stellen Sie die Frage, warum sich keine Zeit zum Bibellesen und zum Gebet findet, während man sonst doch für alles mögliche Zeit hat. Geben Sie zu bedenken, dass der Grund darin liegt: Satan weiß, dass, wenn er Gebet und Bibellesen verhindert, der Gläubige für einen fruchtbaren Dienst gelähmt ist. Weisen Sie ihn deshalb auf 1. Petrus 2,2; Jakobus 1,21-22, sowie 2. Timotheus 3,15-17. Das sind Bibelstellen, die zeigen, wie wichtig die Heilige Schrift beim Aufdecken von Irrtümern und bei der Zurüstung für den Dienst ist. Lesen Sie mit ihm Psalm 119,9 und 130 – wo von dem Geheimnis eines siegreichen Lebens gesprochen wird – oder auch Psalm 1,1-2; Joh. 5,38-39; Apg. 17,11 und Joh. 8,31.

c) Nachlässigkeit im Zeugnisablegen. In vielen Fällen wird die rechte Freude über die Errettung erst erlebt, wenn man offen Zeugnis abgelegt hat. Vergewissern Sie sich, ob der Ratsuchende es je getan hat. Ob er es jetzt noch tut? Andernfalls decken Sie das als mögliche Ursache für die schlechten Erfahrungen in seinem Christenstand auf. Wer sich Jesu schämt, kann kein glücklicher Christ werden. Weisen Sie hin auf Römer 10,9-10 und Matthäus 10,32-33. Zeugnisablegen zu dürfen ist sowohl ein Vorrecht, als auch eine Pflicht des Gläubigen. Wenn jemand aus Furcht vor Spott oder Verfolgung Christus nicht bezeugen will, lesen Sie mit ihm Johannes 12,42-43. Ermutigen Sie zum persönlichen Einsatz, andere für Christus zu gewinnen (Dan. 12,3; Sprüche 11,30; Phil. 4,13).

d) Kompromisse mit der Welt. Weil nach Jakobus 4,4 »Freundschaft mit der Welt Gottes Feindschaft« bringt, muss der Christ wissen, dass er entweder nur mit Gott oder aber mit der Welt auf gutem Fuße stehen kann. Gott hat uns geboten, uns von dem weltlichen Treiben abzusondern und es nicht zu lieben (1. Joh. 2,15-17; 2. Kor. 6,14-17; Matth. 6,24 und Luk. 8,14). Raten Sie dem anderen, klar und endgültig mit der Welt zu brechen (1. Kor. 6,19-20; 1. Kor. 8,13; Kol. 3,17; 1. Tim. 4,6; 1. Kor. 6,12).

e) In der Sünde gefangen. Ein Mann gestand, er würde gern Moodys Versammlung besuchen, könne es aber seiner Ketten wegen nicht. Ein Schotte fragte ihn daraufhin: »Und warum kommst du nicht mit deinen Ketten?« Die Antwort: »Das habe ich noch nie bedacht.« Jesus, der von Sündenlast befreien kann, hat auch die Macht, Ketten zu durchbrechen (Röm. 6,11; 1. Kor. 15,57).

f) Keine Gewissheit der Errettung. Die Ursache hierzu mag Unwissenheit sein. Viele wissen einfach nicht, dass ein Gläubiger seines Heils gewiss sein kann, dass er errettet ist. Mit solchen Menschen lesen Sie am besten 1. Johannes 5,10-13 und unterstreichen Sie dabei besonders den letzten Vers. Lesen Sie mit ihm auch Johannes 1,12; 3,36; 5,24 und Apg. 13,39. Machen Sie deutlich, was Glauben an Christus wirklich bedeutet, und vergewissern Sie sich, ob dieser rettende Glaube vorhanden ist.

Manchmal ist der Mangel an Gewissheit dadurch begründet, dass noch Sünde toleriert und geduldet wird. In solch einem Fall müssen Sie das Hemmnis herausfinden. Helfen Sie mit, dass es als erkannte Schuld vor Gott gebracht wird. Dann wird als Ergebnis die Gewissheit nicht ausbleiben. Lesen Sie Jesaja 55,7; Johannes 8,12 und Psalm 32,1-5.

Eine weit verbreitete Ursache fehlender Gewissheit ist

die Abhängigkeit von seinen Gefühlen. An manchen Tagen »fühlt« man, dass man errettet ist, und an anderen nicht. Die Aufgabe des Seelengewinners besteht dann darin, den anderen zu bewegen, sich nicht auf seine Gefühle zu verlassen, sondern allein auf das sichere Wort Gottes. Sagen Sie ihm, dass Gottes unveränderliches Wort vertrauenswürdiger ist als unbeständige Gefühle. Verweisen Sie in diesem Zusammenhang auf einen Vers wie Johannes 3,36. Heben Sie die Tatsache hervor, dass dem »Glauben« ganz sicher das »Haben« des ewigen Lebens folgt. Römer 8,1 und Johannes 5,24 versichern uns, dass über den Gläubigen kein Verdammungsurteil gesprochen wird. Ihm ist ewiges Leben geschenkt, das ihm niemals wieder genommen werden kann. In diesem Zusammenhang werden oft Johannes 10,28-29 sowie 2. Mose 12,1-13 zitiert. Das versprengte Blut des Gottessohnes am Kreuz garantiert die Rettung, während das Wort Gottes den Glauben an diese Errettung sichert.

Eine alte Dame, die voller freudiger Gewissheit war, wurde gefragt: »Angenommen, Christus lässt Sie durch seine Finger schlüpfen?« Sie erwiderte prompt: »Ich bin doch einer seiner Finger!« Für den wahren Gläubigen gibt es keine Möglichkeit, von der Liebe Gottes getrennt zu werden (Röm. 8,38-39).

Lassen Sie den anderen nicht gehen, bevor er nicht mit absoluter Gewissheit sagen kann: »Jetzt weiß ich, dass ich ewiges Leben habe.«

B) Unbekehrte

Welche Freude ist es für einen eifrigen Seelengewinner, einem Menschen zu begegnen, der sich wirklich danach sehnt, errettet zu werden!

Vor einiger Zeit kam ein Mann an die Tür einer Bibelschule und schluchzte dermaßen, dass eine Minute verging, bevor er seinen Wunsch vortragen konnte. »Haben Sie eine Bibel für mich?« – »Aber sicher! Kommen Sie herein! Was ist los mit Ihnen? Kennen Sie schon die Freude der Sündenvergebung?« – »Nein, eben nicht, darum bin ich hier!« Welche Freude bereitete es, diesen Menschen zu Christus zu führen, zu erleben, wie sein Gesicht sich aufhellte. Das Taschentuch, das schon nass war von Tränen der Reue, musste noch einmal für Freudentränen herhalten. Dieser Mann, der weit entfernt wohnte, war vor sechs Monaten durch Schriften, die er von der Bibelschule erhielt, zur Erkenntnis seiner Sünden gelangt. Nun hatte er den langen Weg zur Bibelschule gemacht, um Christus zu finden. Leider sind solche Fälle selten. Es scheint tatsächlich nur wenige zu geben, die um ihr Seelenheil bekümmert sind und sich nach Rettung ausstrecken.

Zunächst muss man einem Menschen in solch einer Verfassung versichern, dass Gott willig und in der Lage ist, ihn zu retten (Luk. 19,10). Dann bezeuge man ihm, dass Gott echte Reue und den Willen zur Umkehr erwartet, damit er helfen kann. Die Abscheu vor der Sünde muss so groß sein, dass man sie gerne lassen will (Apg. 17,30; Luk. 13,3; Jes. 55,7).

Echte Reue schließt immer Sündenerkenntnis mit ein; denn Gott kann keine Sünden vergeben, die ihm nicht bekannt werden (1. Joh. 1,9). Dann zeigen Sie auf, was Christus erleiden musste, damit Gottes Liebe voll zur Entfaltung kommen und Gott den Menschen wirklich vergeben konnte. Es ist oft hilfreich, wenn man den anderen Jesaja 53,3-6 in der 1. Person Singular statt im Plural lesen lässt. Dann heißt das: »Er trug meine Krankheit und lud auf sich meine Schmerzen. Er ist um meiner Übertretung willen verwundet und um meiner Sünde willen geschlagen.« Das wird einen doppelten Zweck erfüllen. Es führt zur Sündenerkenntnis und zum Glauben an Christus. Bemühen Sie sich, das so anschaulich wie möglich zu machen. Nachdem Sie den Ratsuchenden zur Reue und zum Bekennen seiner Nöte gebracht und ihm klar gemacht haben, mit welch hohem Preis das ewige Leben für ihn erkauft wurde, besteht der nächste Schritt darin aufzuzeigen, dass man außer der Reue auch den rettenden Glauben haben muss (Mark. 1,15; Apg. 16,31).

Doch wie sieht dieser Glaube aus?

Was gilt es zu glauben?

Es ist von größter Bedeutung, dass ein Seelengewinner in der Lage ist, das Wesen des rettenden Glaubens bzw. das, was in der Schrift mit dem Wort »Glaube an den Herrn Jesus Christus« gemeint ist, klar aufzuzeigen. Die Sünde, für die Menschen verdammt werden, besteht letztlich darin, »dass sie nicht glauben an mich« (Joh. 16,9).

In einem Brief schrieb ein in seinem Glauben angefochtener Zweifler: »Ich glaube an Christus, doch die Teufel glauben auch und zittern. Und die sind nicht errettet.« Hier haben wir kurz zusammengefasst das Problem, mit dem sich der Seelengewinner auseinandersetzen muss. Offensichtlich gibt es zwei Arten von Glauben: Den reinen Kopfglauben und den, der das ganze sittliche Wesen des Menschen mit beeinflusst. Allein das Wissen oder die Erkenntnis, dass Christus lebte und für die Menschen starb, bewirkt noch keine rettende Lebensveränderung. Was muss aber dann zur Errettung der Seele geglaubt werden? Wir müssen unser ganzes Vertrauen in Christus als den Heiland setzen als auf den, der alle Sünden trug. Wir müssen uns ganz in seine Retterhände fallen lassen. Wenn ich an einer schrecklichen Krankheit leide und ein bestimmter Arzt mir sagt, er hätte ein unfehlbares Heilmittel dagegen, genügt es nicht, dass ich nur an die Möglichkeit der Heilung glaube. Das wäre reiner Kopfglaube. Erst dann, wenn ich mich wirklich in die Behandlung gegeben und die Heilung erlebt habe, kann ich von Herzen glauben. Der Vertrauenswürdigkeit eines Bankiers habe ich auch erst dann mein volles Vertrauen gegeben, wenn ich mein Geld seiner Bank anvertraue. Ein Fürwahrhalten ohne Vertrauen ist kein rechter Glaube.

Ich finde hierzu keine passendere Illustration als die von Blondin, dem Seiltänzer. Als Blondin wieder einmal mit einem Rad auf dem Drahtseil die Niagarafälle überquerte, fragte er hinterher einen kleinen Jungen – der ihm atemlos zugesehen hatte –, ob er es ihm zutraute, mit dem Jungen zusammen auf dem Seil die Wasserfälle zu überqueren.

»Na klar!«, antwortete der Bursche, »Ich hab doch

gesehen, dass Sie es können.« – »Dann steig mit mir aufs Rad!« – »Nein, nein!«, wich der Junge entsetzt zurück. Er glaubte zwar an Blondins Können, doch er vertraute nicht.

Ein anderer Weg, diese Wahrheit klar zu machen, besteht darin, anhand von Johannes 1,12 aufzuzeigen, dass Glauben und Annehmen praktisch dasselbe ist. »Wie viele ihn aber aufnahmen« – als Heiland, als den, der die Sünden trug –, »denen gab er Macht, Gottes Kinder zu werden.«

Der letzte Schritt besteht dann darin, den anderen zum festen Glauben an Christus und zu seiner Annahme als Heiland zu bewegen. Lesen Sie wieder Johannes 1,12 und fragen Sie dann: »Sie haben nun Ihre Sünden und Nöte bekannt. Sie glauben, dass Jesus auch die Strafe für Ihre Schuld auf sich nahm und sich danach sehnt, auch Ihr Herr und Erretter zu sein. Möchten Sie ihn jetzt so annehmen?« – »Ja, ich will!« – »Was sind Sie dann nach diesem Vers?« – »Ein Kind Gottes.« – »Sind Sie es jetzt tatsächlich schon?« Falls der andere noch unsicher ist, gehen Sie mit ihm alles noch einmal durch. Lassen Sie ihn nicht eher, bis der letzte Zweifel gewichen ist.

Einen anderen, häufig von Seelsorgern gebrauchten Vers finden wir in Johannes 5,24. Aus ihm mag sich etwa folgendes Gespräch entwickeln: »Haben Sie Gottes Wort über Christus heute Abend gehört?« – »Ja.« – »Glauben Sie, dass Gott seinen Sohn in die Welt gesandt hat, damit er für unsre Sünden stirbt?« – »Ja.« – »Nun, was haben Sie dann nach Gottes Wort?« – »Ewiges Leben.« – »Haben Sie jetzt schon dieses ewige Leben?« Falls noch Bedenken vorhanden sind, helfen Sie weiter, bis ein klares »Ja« als Antwort gegeben wird. »Werden Sie sich jemals Gottes Verdammungsurteil für Ihre Sünden zuziehen?« – »Nein.« – »Warum nicht?« – »Weil Jesus die Strafe für mich trug.« Vielleicht müsste der Seelengewinner noch ergänzen: »Und welche andere Veränderung hat stattgefunden?« – »Ich bin vom Tod zum Leben gekommen.« – »Dann lassen Sie uns auf die Knie gehen und Gott für seine Gabe danken.«

Es ist gut, folgende göttliche Ordnung hervorzuheben: Die Tatsachen, den Glauben und unser Empfinden.

Jesus tat es – am Kreuz.
Gott sagt es uns – in seinem Wort.
Ich glaube es – in meinem Herzen.

Das Gefühl, errettet zu sein, kann es nicht geben, bevor ein Mensch wirklich errettet ist, ebenso wie das Gefühl, gesund zu sein, erst nach der Krankheit aufkommt. Und weil wir ohne Glauben nicht gerettet werden, muss dieser Glaube dem Gefühl vorangehen. Weil der Glaube eine Tatsache braucht, auf der er ruhen kann, muss diese Tatsache dem Glauben vorangehen.

Viele möchten die Rettung fühlen, bevor sie an Christus glauben. Sie machen ihre Gefühle zum Prüfstein ihres Glaubens und kehren damit die göttliche Ordnung um. Ich glaube – nicht, weil ich es fühle, sondern weil Gott es sagt und Jesus es vollbracht hat. Gehen Sie sicher, dass der Suchende sich auf Gottes Wort verlässt und nicht auf seine Gefühle.

C) Gleichgültige und Unbekümmerte

Viele Gründe haben dazu geführt, dass diese Gruppe unter den Nichterretteten in der Überzahl ist: Falsche Lehren von der Kanzel, Verweltlichung in der Kirche, veränderte Zustände in der Welt, Zerstörung und Wegfall des religiösen Lebens in der Familie, Entheiligung des Sonntags und Ausbreitung verschiedener Kultgruppen. Darum muss der Seelengewinner wissen, wie er diese nicht um ihr Seelenheil Besorgten aus ihrer Gleichgültigkeit reißen kann.

1. Es muss zur Erkenntnis der Sünde kommen. Das geschieht nicht durch Überredung, sondern durch den entschiedenen Hinweis auf Gottes Wort. Man lasse sich dabei vom Heiligen Geist leiten, der ja die Menschen »der Sünde, der Gerechtigkeit und des Gerichts« überführt. Dr. Torrey zeigt, wie in diesem Zusammenhang Römer 14,12 gebraucht werden kann. »Lassen Sie Ihren Schützling zuerst den Vers lesen und fragen Sie ihn dann: ›Wer wird Rechenschaft ablegen müssen?‹ – ›Jeder.‹ – ›Wen schließt das mit ein?‹ – ›Mich.‹ – ›Wer muss darum auch Rechenschaft ablegen?‹ – ›Ich.‹ – ›Wem müssen Sie Rechenschaft ablegen?‹ – ›Gott.‹ –

›Für wen müssen Sie es tun?‹ – ›Für mich selbst.‹ – ›Nun lesen Sie bitte den Vers noch einmal entsprechend‹ – ›Ich werde vor Gott für mich selbst Rechenschaft ablegen müssen.‹ – ›Sind Sie dazu bereit?‹ Ist die Gleichgültigkeit gewichen, machen Sie ihm klar, dass er verloren ist, wenn er weiterhin Gottes Weg zur Errettung missachtet.« (Hebr. 2,3)

Andere Schriftstellen hierzu sind 1. Johannes 3,14; Offenbarung 21,8; Römer 3,22.23; Markus 7,21-23; Römer 8,7 und Galater 3,10. Auch Matthäus 22,36-38 und Jakobus 2,10 weisen eindrucksvoll auf unsere Sünden hin. Und Römer 6,23; Johannes 3,36 und Johannes 8,34 decken die Konsequenzen der Sünde auf. Johannes 3,17-19 zeigt, dass Unglaube eine schreckliche und verdammungswürdige Sünde ist, während Hebräer 10,28.29 vor der furchtbaren Strafe warnt, die auf alle wartet, welche das teure Blut Christi nicht achten.

2. *Verweisen Sie auf Christus, den Gekreuzigten.* Sobald Sie sicher sind, dass echte Sündenerkenntnis vorhanden ist, weisen Sie auf den Weg der Errettung hin, wie er im vorhergehenden Kapitel aufgezeigt wurde. Eine andere Methode besteht darin, das ABC der Errettung in Erinnerung zu bringen: Alle haben gesündigt (Röm. 3,23). Beachte und siehe, das ist Gottes Lamm für unsre Sünden (Joh. 1,29). Christus sagt: »Kommet her zu mir alle, die ihr mühselig und beladen seid, ich will euch erquicken.« (Matth. 11,28) Machen Sie die Liebe deutlich, die Gott für Sünder bereithält (Jes. 53,5.6; Joh. 3,16; 1. Petr. 2,24).

D) Menschen, die Einwände machen oder ernste Schwierigkeiten haben

Diese Schwierigkeiten kann man in vier Gruppen teilen: Einwände, die Lehren der Bibel betreffen; Einwände, die durch das Versagen und Schuld anderer Christen entstehen; Einwände, die als Folgen falscher religiöser Irrlehren auftreten und persönliche Schwierigkeiten.

a) Einwände, die Lehren der Bibel betreffen

»Die Bibel ist voller Widersprüche.« Reichen Sie dem, der das

behauptet, die Bibel und bitten Sie ihn, Widersprüche zu nennen. Lassen Sie sich nicht mit einer so leicht dahergesagten Behauptung abspeisen, und verlangen Sie den Nachweis aus der Bibel. Das wird ihm nicht gelingen. Wenn der Bluffer so zum Schweigen gebracht wurde, ist der Weg offen, seine Aufmerksamkeit auf bereits in Erfüllung gegangene Prophezeihungen der Bibel, ihre erstaunlich einheitliche Struktur, sowie Bestätigungen durch die Archäologie zu richten. Dann machen Sie ihm klar, dass nach 1. Korinther 2,14 der Grund für seine Ablehnung der Bibel sozusagen eine Fehlschaltung bei ihm selbst ist. Er muss von neuem geboren werden, wie es in Johannes 3,3-7 geboten wird. Erst dann wird er in der Lage sein, die Heilige Schrift recht zu verstehen.

»Die Bibel ist unmoralisch.« Das ist in der Tat ein seltsamer Einwand; denn immerhin haben bedeutende Männer und Frauen große Hochachtung vor der Bibel gehabt. Weisen Sie hin auf Titus 1,15 und 2. Petrus 2,11.12. Widersprechen Sie mit dem Psalmisten, der sagt: »Dein Wort ist wohlgeläutert und dein Knecht hat es lieb.« (Psalm 119,140) Berichte in der Bibel über die Schlechtigkeit von Männern und Frauen sind verbriefte Urkunden von gestrandeten »Helden«, geschrieben zur Mahnung für alle, die auf dem Ozean des Lebens unterwegs sind. Die Bibel schildert das Leben, wie es wirklich ist, und zeigt die schrecklichen Konsequenzen der Sünde sowohl für dieses Leben als auch für das kommende.

»Es gibt keinen Gott.« Die Bibel versucht an keiner Stelle, die Existenz Gottes zu beweisen. Sie setzt es vielmehr als gegebene Tatsache voraus, 1. Mose 1,1 bezeugt, dass Gott ewig ist. Wir sind von vielen Beweisen seiner Gegenwart umgeben, die – mit Ausnahme des durch Vorurteile blind gewordenen Menschen – für alle unbestreitbare Zeugen sind. Das Vorhandensein einer Uhr lässt auf einen Uhrmacher schließen. Der Klang harmonischer Musik bestätigt die Existenz eines Musikers. Und der geordnete, harmonische Ablauf im Universum – gewaltig in den Ausmaßen und perfekt im Detail – lässt auf die Existenz eines unge-

mein weisen und mächtigen Gottes schließen (Röm. 1,19-23; Ps. 8,1.3 sowie Ps. 33,6). Dieser Gott hat sich uns in Christus offenbart (2. Kor. 4,6).

»Es gibt keine Hölle.« Es stimmt leider, dass die Lehre von der Verdammnis mehr und mehr unpopulär wird. Ein Mensch, der diese biblische Lehre leugnet, geht lebensgefährlich leichtsinnig mit Vokabeln um wie »Tod«, »Zerfall«, »immerwährend« und »ewig«. Er behauptet, er kenne die ursprüngliche Bedeutung dieser Worte. Doch in Wirklichkeit geht es ihm darum, seinen Standpunkt und nicht Gottes Standpunkt zu beweisen. Lesen Sie in solch einem Fall Schriftstellen wie Johannes 3,36; Matthäus 25,46; Offenbarung 20,10.15; Offenbarung 21,8; Markus 9,43.44 vor, und der Gegner wird zweifellos zugeben müssen – wenn ihm der Gedanke auch nicht behagt –, dass diese Schriftstellen alle eine zukünftige Hölle und die ewige Verdammnis für den in seiner Unbußfertigkeit beharrenden Sünder klar bezeugen. Dieselbe Hölle, die für den Teufel und seine Handlanger vorgesehen ist, wird auch die endgültige Bleibe für die Ungehorsamen sein. In Lukas 16,26 lehrt Jesus unter anderem, dass es eine ewige Kluft zwischen Lazarus und dem reichen Mann gibt. Die Ausdrücke »von Geschlecht zu Geschlecht« und »allezeit« bedeuten »ewig«.

Nirgendwo erwähnt Gottes Wort eine Begrenzung dieser Zeit der ewigen Freude oder ewigen Qual. Es erwähnt auch kein Ende des Strafgerichtes über die Verlorenen. Das ist eine erschreckende Wahrheit. Sie sollte in aller Güte gesagt werden und beim Seelengewinner das verstärkte Verlangen wecken, »nach Verlorenen zu suchen«.

»Gott ist zu weich und nachgiebig.« Fragen Sie den, der diese Meinung vertritt, aus welcher Quelle er diese Vorstellung vom Wesen Gottes hat. »Steht das denn nicht in der Bibel?« Nun, wenn man der Zusicherung von Gottes Liebe in der Bibel glaubt, muss man ebenso auch die Wahrheit von seinem Zorn akzeptieren. Die Bibel offenbart Gott als den liebenden, aber auch als den gerechten Gott (2. Petr. 3,9). Veranlassen Sie den Widersprechenden, 1. Johannes 4,8 mit Hebräer 12,29 zu vergleichen. So sehr

Gott Liebe ist, sollte man aber seine Güte und Langmut nicht missbrauchen (Röm. 2,4-5). Gottes Güte will den Menschen immer zur Buße bewegen. 2. Petrus 2,4-6 bezeugt, dass Gottes Liebe ihn nicht an der Ausübung seiner Gerechtigkeit hindert.

»Die Bibel ist nicht göttlich inspiriert.« Zunächst sollten Sie den, der das behauptet, einmal fragen, was er unter »inspiriert« versteht. In neun von zehn Fällen wird er »ins Schwimmen kommen«, wenn Sie darauf drängen, den Begriff genau definiert zu bekommen. Strong definierte Inspiration so: »Der besondere göttliche Einfluss auf den Geist der Autoren der heiligen Schriften, durch den ihre Werke – falls sie frei von Abschreibfehlern und Übersetzungsfehlern sind – zur unfehlbaren Richtschnur des Glaubens und des praktischen Lebens wurden.« Dann stellen Sie klar, dass Ungehorsam unsererseits an den Tatsachen gar nichts ändert (Röm. 3,3.4).

Folgende Schriftstellen beweisen die Inspiration der Bibel: 2. Timotheus 3,15.16; 1. Thessalonicher 2,13; 2. Petrus 1,19-21; Hebräer 4,12. Jemand, der hier Haarspalterei treibt, hat wohl mehr über die Heilige Schrift als in ihr gelesen. Die Frage, ob er jemals die Bibel vom 1. Buch Mose bis zur Offenbarung durchgelesen habe, wird ihm alles Wasser von der Mühle nehmen. Wer das nicht getan hat, ist wohl kaum in der Lage, ein richtiges Urteil über Gottes Wort abzugeben.

b) Einwände, die durch Versagen und Schuld der Christen entstehen

»Es gibt zu viele Heuchler in der Kirche.« Der Seelengewinner muss leider zugeben, dass das bis zu einem gewissen Grad stimmt. Doch es sollte auch betont werden, dass dies immer nur eine Ausrede und kein wirklicher Grund ist, Christus nicht anzunehmen. Insofern ist der Mensch, der das vorgibt, selbst ein Heuchler; denn seine Anschuldigung ist nicht echt. Man lese zuerst Römer 14,12 oder Matthäus 7,1-5.

Außerdem weise man darauf hin, dass es neben Scheinchristen viele wahre Christen in der Kirche gibt. Ich werfe ja auch nicht den ganzen Inhalt meines Geldbeutels weg, nur weil falsche Münzen darunter sind. Wenn einige Christen Lügner und Heuchler sind, so ist Christus doch kein Betrüger. Er ist ohne Falsch und lädt die Sünder zu sich. Keiner muss für den anderen geradestehen. Das muss jeder für sich selbst (Röm. 14,12 und Joh. 21,21.22). Wenn man genau weiß, wie Christen leben sollten, muss man selbst mit gutem Beispiel vorangehen; denn Kenntnis des Willens Gottes zieht Verantwortung nach sich (Luk. 12,47). Und wenn solch ein Mensch die Heuchler schon auf dieser Welt nicht leiden kann, sagen sie ihm, er solle sich vorsehen, dass er nicht die ganze Ewigkeit mit ihnen in der Hölle zubringen muss; denn alle Heuchler sind ausgeschlossen vom Himmel.

»Ich bin von Christen schlecht behandelt worden.« Ein Mann sagte einmal zu seinem Pfarrer, er wolle Christus nicht als seinen Herrn annehmen; denn er sei von einem bekennenden Christen betrogen worden. »Ist das wirklich der einzige Grund?«, fragte der Pfarrer. »Ja.« – »Ich schlage vor, wir machen das schriftlich«, meinte der Pfarrer, zog sein Notizbuch und schrieb: »Ich bin kein Christ, weil einer, der vorgab, Christ zu sein, mich in einer geschäftlichen Angelegenheit übers Ohr gehauen hat.« Dann riss er das Blatt heraus, gab es dem Mann und sagte: »Wenn Sie vor den Richterstuhl Gottes treten und er Sie fragt, warum Sie seinen Sohn abgelehnt haben, können Sie ihm diesen Zettel geben.« Damit ließ er den Mann stehen. Er war kaum zu Hause, als es an seiner Tür klingelte. Draußen stand der Mann mit dem Zettel in der Hand. »Ich bringe das Papier zurück«, meinte er. »Es wird wohl als Entschuldigung vor Gott nicht ausreichen.« Es dauerte nicht lange, bis dieser Mann ein fröhlicher Christ wurde. Wenn andere Unrecht tun, ist das kein Grund, größeres Unrecht hinzuzufügen. Vergleichen Sie Johannes 3,36 und 2. Thessalonicher 1,7-9.

c) Persönliche Schwierigkeiten

»Ich bin kein schlechter Mensch.« Das mag nach eigenen Maßstäben zutreffen. Genügt das jedoch vor Gott? (Römer 3,10-

23) Machen Sie dem, der diesen Einwand bringt, diese Schriftstelle klar! Was der Mensch auch immer in seinen eigenen Augen sein mag, in Gottes Augen ist er ein großer Sünder. Decken Sie auf, was Sünde eigentlich ist. Dabei kommt es nicht auf die Vielzahl der Sünden an. Eine Kette, die ein Schiff am Ufer festhält, muss nicht an jedem Glied durchgetrennt werden, damit das Schiff abtreibt. Ein einziges durchtrenntes Glied genügt (Jak. 2,10). Und die größte Sünde ist die, dass man nicht an Christus glaubt (Joh. 16,9).

»Ich tue mein Bestes.« Das ist eine alte Ausrede, die aber immer noch gebraucht wird. Und doch sind die Besten in Gottes Augen Sünder (Jes. 64,6). Wenn unsere eigenen Werke uns vor Gott annehmbar machen sollen, müssen wir in Gedanken, Worten und Taten fehlerlos und vollkommen sein – was »durch die Werke des Gesetzes« oder dadurch, dass wir »unser Bestes tun« unmöglich ist, da »der Mensch durch des Gesetzes Werke nicht gerecht werden kann, sondern allein durch den Glauben an Christus Jesus.« (Gal. 2,16)

»Ich gehe in die Kirche und bin konfirmiert.« Viele Leute glauben, das wären die einzigen Verpflichtungen Gott gegenüber. Darauf würden sie sich zu gegebener Zeit einmal berufen können. Zeigen Sie auf, dass diese Dinge nicht die Wiedergeburt ersetzen können (Joh. 3,3-7). Ein Fremder, der eine Uniform anzieht, ohne in der Armee zu sein, wird als Spion angesehen und bestraft. Niemand hat das Recht, sie zu tragen, wenn er kein Soldat ist. Nur ein zu Christus Bekehrter, der auf dem Glaubensgrund steht, zählt hier. Die bloße Zugehörigkeit zu einer Kirche schafft kein Heil.

»Ich habe immer schon an Christus geglaubt.« So sprechen Menschen, die meinen, einige Fakten über Christus zu kennen. Fragen Sie: »Sind Sie gerettet?«, dann wird die Antwort gewöhnlich ungewiss oder negativ ausfallen. Nun ist der Weg offen, ihnen zu sagen, wie man errettet wird oder was rechter Glaube an Christus beinhaltet.

»Ich kann nicht glauben.« In den meisten Fällen ist dies eine Frage der Moral, nicht des Glaubens. Fragen Sie den anderen, welche Sünde es in seinem Leben ist, die ihn am

Glauben hindert – und der Pfeil, der aufs Geratewohl abgeschossen wurde, wird gewöhnlich sehr wirkungsvoll sein Ziel treffen. Nutzen Sie Jesaja 55,7. Gott sagt, dass der Mensch glauben kann (Joh. 1,12) und glauben muss (Hebräer 11,6). Gott erwartet von einem Menschen nie etwas, das er nicht tun kann. Nicht zu glauben, bedeutet Gericht (Joh. 3,18). Eine andere wirkungsvolle Methode besteht darin zu fragen: »Wem können Sie nicht glauben? Können Sie Gott nicht glauben?« – »Das schon, aber mir selbst nicht.« – »Das erwartet auch niemand. Sie sollen Christus glauben.« (Apg. 16,31; Joh. 3,16)

»Ich habe es früher einmal versucht, aber es ging daneben.« Hier geht es darum, aus eigener Anstrengung als Christ leben zu wollen. Das muss schief gehen! Errettung ist kein »Trainingserfolg«, sondern ein Erfolg des Glaubens! Bemühen Sie sich, durch folgende Fragen den Grund des Versagens herauszubekommen: »Haben Sie immer dem vollbrachten Werk Christi voll vertraut, ihm einzig und allein? Haben Sie damals Christus vor anderen Menschen bekannt?« (Röm. 10,9-10) In den meisten Fällen wird die Antwort »nein« lauten. Dann haben Sie die Ursache des Versagens meist gefunden. Weitere Fragen: »Haben Sie sich Gott völlig ausgeliefert und sind ihm gehorsam geworden?« (Apg. 5,32) »Lesen Sie täglich in der Bibel und beten Sie?« (1. Petr. 2,2; 1. Thess. 5,17) »Vertrauen Sie darauf, dass Sie selbst sich vor Sünde bewahren können oder dass Christus es tut?« (2. Kor. 12,9) »Haben Sie jemals einen Dienst für Christus übernommen?« Wenn Ihre Fragen ergeben, dass der andere niemals eine echte Bekehrung erlebt hat, zeigen Sie ihm den Weg dazu. War es aber eine echte Bekehrung, zeigen Sie ihm den Weg zur Erneuerung seines Lebens. Johannes 6,37 kann bei beiden eine Hilfe sein.

»Ich bin zu schwach.« Hier heißt das Heilmittel, den anderen von sich selbst wegsehen zu lassen auf unseren Herrn Jesus Christus. »Es geht im Glaubensleben nicht um die eigene Schwachheit, sondern um Christi Stärke.« (Hebr. 7,25) Zeigen Sie ihm Gottes Bereitwilligkeit, auch dem Schwächsten zu helfen (2. Kor. 9,10 und Jes. 40,29-31).

Niemand ist zu schwach, sich auf Christi Stärke verlassen zu können. Nicht wir selbst bewahren uns vor dem Fallen, sondern er hält uns (Jud. 24; 1. Petr. 1,5; 2. Tim. 1,12; Joh. 10,28.29). Es wird zwar weiter Versuchungen geben, aber auch immer einen Weg, ihnen zu entkommen (1. Kor. 10, 13). Wenn Gott ein Werk beginnt, bringt er es auch zu Ende (Phil. 1,6).

»Ich will warten, bis ich mich gebessert habe.« Oft meint ein Mensch, er könne nicht so, wie er ist, zu Christus kommen. So versucht er, sich selbst zu bessern, indem er offen gegen bestimmte Sünden ankämpft. Auf diese Weise will er sich der Errettung Gottes würdig erweisen. Als ob man dem vollkommenen und vollbrachten Werk Christi noch etwas hinzufügen könnte! Sagen Sie ihm, er kann zu Christus kommen, so wie er ist – mit allen Sünden –, und er wird angenommen (Jes. 64,6; Luk. 19,10; Matth. 9,12.13). Hier kann das Gleichnis vom verlorenen Sohn hilfreich sein (Luk. 15,18-24).

»Ich bin zu schlecht.« Stimmen Sie dieser Feststellung eher zu, als dass Sie die Sündhaftigkeit abwerten. Sagen Sie der betreffenden Person, wenn sie sich so sehen könnte, wie Gott sie sieht, dann käme noch eine ganze Portion ihrer unbewussten Sünde hinzu. Doch Christus kam, um Sünder zu retten (Luk. 19,10). In 1. Timotheus 1,15 behauptet Paulus von sich, Christus hätte ihn als den größten aller Sünder gerettet. Dann besteht also auch Hoffnung für alle andern (Jes. 1,18; 1. Joh. 1,7; Hebr. 7,25).

»Ich habe niemandem etwas getan.« Es ist armselig, sich damit zu brüsten. Es wäre besser, wenn er jemandem etwas getan hätte, und zwar Gutes. Das ist ein kümmerliches Leben. Gott erwartet keine passive Unschuld von uns, sondern aktive Heiligkeit. Fragen Sie ihn, ob er Gottes Maß der Heiligung erreicht hat (Röm. 3,23 und Matth. 5,20).

»Ich sehe nichts Böses am harmlosen Vergnügen der Welt.« Wenn Freundschaft mit der Welt Gottes Feindschaft bedeutet und der Freund der Welt Gottes Feind ist (Jak. 4,4), dann stimmt etwas mit dem Menschen nicht. Die Vergnügungen der Welt sind niemals harmlos. In ihnen steckt immer ein

teuflischer Haken. Weisen Sie auf das Beispiel des Mose hin (Hebr. 11,24.25). Machen Sie aber auch die Freude und Reinheit deutlich, die aus der Vereinigung mit Christus erwächst. Hier kann ein Wort des persönlichen Zeugnisses hilfreich sein. Aber bringen Sie diese Wahrheit nicht in einem kalten geschäftsmäßigen Ton.

»Man muss zu viel aufgeben.« Und doch ist es – wenn nötig – weitaus besser, alles aufzugeben, als seine Seele zu verlieren (Mark. 8,36). Im Allgemeinen erwartet Gott jedoch nur von uns, dass wir die Sünde aufgeben. Führen Sie hier Psalm 84,11 an und bekräftigen Sie das Schriftwort durch ein persönliches Zeugnis. Erwähnen Sie auch Römer 8,32.

»Ich kann meine Sünden nicht lassen.« Zeigen Sie dem Menschen, dass er verloren ist, wenn er es nicht tut (Röm. 6,23; Gal. 6,7.8; Offb. 21,8). Geben Sie sich nicht damit zufrieden, dass der andere zwar die absolute Notwendigkeit der Absage an die Sünde einsieht, es aber nur bei guten Vorsätzen bewenden lässt. Zeigen Sie ihm, dass er allein durch Christi Kraft Sieg über die Sünde haben kann (Phil. 4,13). Wenn er Christus annimmt, empfängt er ein neues Leben, das nicht länger die Sünde liebt (Joh. 8,36; 1. Joh. 3,6-9). Bringen Sie ihm nahe, dass er nur so Sieg über die Sünde haben kann (Röm. 6,12-14).

»Ich will jetzt noch nicht.« Viele Leute möchten gern Christen werden, doch der Teufel versucht mit allerlei Tricks, ihre völlige Übergabe zu verhindern.

Folgende Geschichte stammt aus einem biblischen Schatzkästlein: »Ein Prediger nahm sich vor, über das Wort ›Heute ist die angenehme Zeit, heute ist der Tag der Errettung‹ zu predigen. Während der Vorbereitung zur Predigt schlief er ein und träumte, er befände sich in der Hölle mitten in einer geheimen Versammlung von Höllengeistern. Die hatten sich zusammengetan, um ein Mittel zu ersinnen, durch das sie Menschenseelen in die Verdammnis bringen konnten. Einer der bösen Geister erhob sich und sagte: ›Ich werde auf die Erde gehen und den Menschen erzählen, die Bibel sei voller Legenden.‹ – ›Nein, das wirst du nicht‹, sagte ein anderer. ›Lasst mich gehn. Ich werde den Menschen erzählen, es gäbe keinen Gott, keinen Erlöser, keinen Himmel und keine Hölle.‹ – ›Nein, das wirst du nicht. Das nimmt dir keiner ab.‹ Schließlich stand einer auf und schlug mit teuflischem Lächeln vor: ›Ich werde den Menschen bestätigen, dass es einen Gott gibt, einen Erlöser, einen Himmel und eine Hölle. Aber ich werde ihnen auch einflüstern, es eilte noch nicht, daran zu denken. Morgen wäre dazu noch Zeit.‹ Ihn schickten die Höllengeister auf die Erde.«

Manchmal sieht es so aus, als sei dies wirklich die Trumpfkarte Satans. Bezeugen Sie einem zaudernden Menschen nachdrücklich Gottes Wort (Apg. 17,30) und zeigen Sie ihm Gottes Zeit (2. Kor. 6,2). Weisen Sie auf die Ungewissheit der Lebenszeit hin (Spr. 27,1; Jak. 4,13-17).

Eine etwas ungewöhnliche Methode zu demonstrieren, dass Gottes Zeit immer heute, jetzt ist, ist folgende. Nehmen Sie Ihre Uhr heraus und sagen Sie: »Es ist gleich drei Uhr. Sind Sie bereit, um drei Uhr Christus anzunehmen?« Es ist auch notwendig, darauf hinzuweisen, dass Gott nicht immer bereit ist, auf jeden Wink zu reagieren (Jes. 55,6). Heben Sie das Wort »solange« hervor (Spr. 29,1; Luk. 12,19-20; Matth. 24,44; Joh. 7,33.34).

»Ich möchte gern Christ werden, weiß aber nicht, wie.« Es wird eine Freude sein, diesen Ratsuchenden den wohlbekannten Weg hin zu Christus zu führen! Erster Schritt: Reue (Ps. 51,3.4). Zweiter Schritt: Glaube (Apg. 16,31; Joh. 1,12). Dritter Schritt: Bekennen des Glaubens (Röm. 10,9.10; Matth. 10,32.33).

»Ich habe Christus gesucht und nicht gefunden.« Das ist sicher nicht Gottes Fehler; denn er hat gesagt: »Wenn ihr mich sucht, werdet ihr mich finden, ja, wenn ihr von ganzem Herzen Verlangen nach mir tragt.« (Jer. 29,13) Dieser Mensch macht etwas Entscheidendes falsch. Er sucht nicht von ganzem Herzen!

»Ich fürchte mich vor Verfolgung.« Weisen Sie darauf hin, dass in der Liste der Verdammten auch die Feigen aufgeführt sind (Offb. 21,8). Der Herr begegnet diesem Einwand in Lukas 12,4f. Lesen Sie auch Sprüche 29,25; Jesaja 51,7.8. Die ersten Christen erlebten solche Freude in Christus, dass

sie freudig alle Verfolgungen um seinetwillen ertrugen (Apg. 5,41). Denken Sie immer an das Ende (2. Tim. 2,12; Röm. 8,18).

»Ich glaube, ich komme auch so in den Himmel.« Das trifft nur zu, wenn ein Mensch von Sünden gereinigt ist, sonst nicht (1. Kor. 6,9.10; Offb. 21,27). Man kommt allein durch Christus in den Himmel. Er ist der einzige Weg (Joh. 14,6; 1. Tim. 2,5; Apg. 4,12).

»Ich werde meine Freunde verlieren.« Hier kann darauf hingewiesen werden, dass man sie getrost loslassen kann, wenn sie von Gott nichts wissen wollen (Psalm 1,1.2). Gott verheißt allen denen einen besonderen Segen, die sich um seinetwillen von der Welt lossagen. An die Stelle der gottlosen Freunde wird der Herr zunächst seine eigene Freundschaft setzen (1. Joh. 1,3) und dann die der anderen Mitchristen, deren Freundschaft weit mehr wert ist als die eines gottlosen Menschen (Mark. 10,29.30).

»Das Leben als Christ ist zu hart.« Das möchte ihm der Teufel gern einreden. Doch die Wahrheit ist: »Der Weg des Treulosen ist steinhart« (Spr. 13,15; Jes. 14,3), während Christi Joch sanft und seine Last leicht ist (Matth. 11,30). Gottes Gebote belasten uns nicht (1. Joh. 5,3). Es stimmt zwar, dass ein Christenleben diszipliniert ist und auch Härten erfährt, doch es gibt den wunderbaren Ausgleich, das gottselige Geheimnis, dass die rechten Christen es für lauter Freude erachten (Jak. 1,2).

»Ich fühle nichts.« Erinnern Sie den Menschen daran, dass er nicht durch Gefühle, sondern durch Christus gerettet wird (Joh. 3,16; 5,24; Apg. 16,31). Es geht beim Glauben an ihn vielmehr um ein Nehmen als um ein Fühlen (Joh. 1,12; Röm. 6,23). Bitten Sie ihn, Ihnen eine einzige Schriftstelle zu nennen, die besagt, man müsse es fühlen, wenn man errettet wird. Zuerst muss ich Christus im Glauben annehmen, erst dann kann sich die Gewissheit des Heils auch in unseren Gefühlen äußern.

»Ich habe die Sünde begangen, die nicht vergeben werden kann.« Zuerst orientieren Sie sich selbst einmal darüber, was es mit dieser Sünde auf sich hat. Lesen Sie Matthäus 12,

31.32 im Zusammenhang. Daraus geht klar hervor: Wer diese Sünde begeht, schreibt bewusst die Werke, die der Heilige Geist gewirkt hat, dem Teufel zu. Fragen Sie den anderen, ob er das getan hat. Es ist doch anzunehmen, dass niemand, der diese Sünde begangen hat, noch um sein Seelenheil besorgt ist, zumal ja gerade sein Suchen das direkte Ergebnis des Heiligen Geistes ist, der ihn zieht. Halten Sie der Person Johannes 6,37 vor Augen. Hier wird vorbehaltlos versprochen, dass jeder angenommen wird, der zu Christus kommt, sei er gut oder schlecht. Niemand wird abgewiesen!

VIII. Hinweise für das Gespräch mit Andersgläubigen

1. Katholiken

Der kluge Seelengewinner wird sich daran erinnern, dass die Glieder der katholischen Kirche von Kindheit an belehrt werden, ihre Kirche zu verehren und jeder Kritik an ihr Widerstand zu leisten. Darum sollte jede Kontroverse so weit wie möglich vermieden werden. Es gibt ja viele Dinge, die Katholiken und Protestanten gemein haben. Die sollten dem Seelengewinner bekannt sein. Zum Beispiel die Gottheit Christi, sein sühnendes Blut, die Inspiration der Heiligen Schrift. Die Katholiken glauben nicht, dass der Mensch allein durch gute Werke gerechtfertigt wird. Für sie gibt es aber außerhalb ihrer Kirche kein Heil. Der Jungfrau Maria wird mehr Raum gegeben als Christus. Es ist wichtig, einige der Heiligen der katholischen Kirche zu kennen, die der evangelischen Kirche ebenso vertraut sind wie etwa Augustinus, Franz von Assisi, Madame Guyon und viele Kirchenliederdichter. Der Seelsorger sollte eine gute, katholische Übersetzung der Heiligen Schrift zur Hand haben, wenn er mit einem Katholiken über Gottes Wort spricht.

Versuchen Sie, das Gespräch – so weit wie möglich – auf Christus zu konzentrieren. Heben Sie die Freude hervor, die die Gewissheit der Errettung und Vergebung durch ihn mit sich bringt. Versuchen Sie niemals, den Protestantismus zu verteidigen. Halten Sie sich nicht auf mit abfälligen Bemerkungen über die Sünden katholischer Priester.

Versuchen Sie nicht, über die Priorität der evangelischen oder katholischen Kirche zu diskutieren, auch nicht darüber, ob Petrus nun der erste Papst von Rom war oder nicht.

Meiden Sie kritische Hinweise auf die Vergangenheit, da die Katholiken inzwischen eine andere Sicht von der Reformationszeit haben.

Es ist hilfreich zu erklären, dass man eine große Achtung vor der Mutter Jesu habe. Dann frage man den anderen, ob er wirklich tun möchte, was Maria anordnete. Natürlich wird die Antwort positiv sein. Nun führen Sie aus Johannes 2,5 an: »Was er euch sagt, das tut.« Danach weisen Sie auf Jesu Worte: »Du musst von neuem geboren werden.« (Joh. 3,3) Jetzt ist der Weg offen, die Notwendigkeit der Wiedergeburt hervorzuheben. Erklären Sie diese Neuschöpfung oder Erneuerung von 2. Korinther 5,17 her. Zeigen Sie den Unterschied auf zwischen der Taufe und der Wiedergeburt, indem Sie 1. Korinther 4,15 mit 1. Korinther 1,14 vergleichen. Die Taufe des Simon (Apg. 8,13.21-23) hatte ihn nicht wiedergeboren.

Weisen Sie außerdem darauf hin, dass Errettung nicht durch Werke geschieht (Röm. 4,5; 2. Tim. 1,9; Eph. 2,8.9).

Heben Sie die Notwendigkeit des Bekennens hervor: Erstens das Bekennen der eigenen Sünde vor Gott und zweitens das Bekennen Christi vor den Menschen (Röm. 10,9.10). Sagen Sie, dass es nur einen Mittler zwischen Gott und den Menschen gibt: Christus (1. Tim. 2,5).

Obwohl die Bibel oft aus dem Leben der Katholiken verbannt ist, ermutigen Sie, persönlich in der Bibel zu lesen, denn »Gottes Wort ist meines Fußes Leuchte«.

2. Christliche Wissenschaft

Der Seelengewinner sollte eine Vorstellung von dem haben, was Mrs. Eddy, die Hohepriesterin dieser Kultgemeinde, lehrt. Die folgenden Erklärungen stammen aus ihrem Buch »Wissenschaft und Gesundheit«, erschienen 1906:

»Gott ist ›göttliches Prinzip ... keine Person‹ (vergl. Jes.

43,3). ›Christus ist nicht körperlich, sondern geistig das Ergebnis von Marias bewusster Gemeinschaft mit Gott‹ (vergl. 1. Tim. 2,5). Der Heilige Geist ist ›göttliche Wissenschaft‹ (vergl. Joh. 14,16). Es war dem Menschen (Adam), der ›niemals geboren und niemals gestorben‹, unmöglich, aus seinem hohen Stand zu fallen (vergl. 1. Tim. 2,14). ›Was der angenommene Fall Adams beweist, ist der so genannte Adamstraum.‹ ›Der Mensch ist unfähig zur Sünde‹ (vergl. 1. Joh. 1,9; Röm. 3,23). Zum Sühneopfer Christi: ›Ein einziges Opfer, wie groß auch immer, ist nicht in der Lage, für die ganze Sündenschuld zu büßen‹ (vergl. Hebr. 9,26). Satan ist ›eine Lüge, wie der Glaube an Sünde, Krankheit und Tod‹ (vergl. Matth. 4,3-4). ›Es gibt keine Materie‹ (vergl. 1. Mose 1,1). ›Der Mensch ist niemals krank‹ (vergl. Jak. 5,14). ›Der Mensch kann nicht sterben‹ (vergl. Hebr. 9,27). Das Beten ist ›die Gewohnheit, mit dem göttlichen Geist zu sprechen wie mit einem Menschen... Beten ist ein Fehler, der dem geistlichen Wachstum hinderlich ist‹ (vergl. Matth. 6,9; Joh. 15,7).«

Um den Ursprung der Christlichen Wissenschaft zu verstehen, lese man 1. Johannes 4,1-3; denn sie leugnet, dass »Jesus Christus in das Fleisch gekommen ist«. Christliche Wissenschaft erkennt zwar die Heilige Schrift als inspiriert an, doch ebenfalls auch die Schrift »Wissenschaft und Gesundheit«. Somit weiß der Seelengewinner, wo er ansetzen kann.

Fragen Sie den Menschen von der Christlichen Wissenschaft zum Beispiel, zu wem er betet, wenn Gott keine Person ist. Kann man denn zu einem Prinzip beten? Wenn Sie feststellen, dass er nicht an die Person des Satans glaubt, fragen Sie ihn nach dem Ursprung des Bösen. Wenn der Teufel nur eine Lüge ist, wieso kann er dann bestraft werden (Offb. 20,10)? Wenn er meint, ein Mensch könne nicht sterben, fragen Sie ihn, ob er sich an die Wand stellen würde, damit ihn sofort jemand erschießen könnte? Nachdem Sie die Unwahrheiten der Christlichen Wissenschaft von der Schrift her aufgedeckt – und einige ihrer Irrtümer durch ihre Fragen bloßgelegt haben, rufen Sie ihn zu Christus, der als Sündloser für unsere Sünden starb (2. Kor. 5,21; Gal. 3,13; 1. Petr. 2,24; Hebr. 9,22). Um zu beweisen, dass Heilung von Krankheit kein Beweis göttlichen Ursprungs sein muss, verweisen Sie auf Matthäus 7,22.23, sowie auf 2. Thessalonicher 2,8.9.

3. Allversöhner

Sie glauben, schließlich würden alle Menschen bei der Wiederherstellung aller Dinge errettet. Die Argumente, die man gegen Menschen anführen kann, die die Hölle leugnen, wurden schon genannt. Als Hauptschriftstelle berufen sie sich auf 1. Timotheus 2,3.4, sowie 1. Korinther 15,22. Die erste Schriftstelle spricht von Gottes Herzenswunsch, nicht aber von seinem endgültigen Beschluss. Entscheidend ist der Wille des Menschen. Im angeführten Vers aus dem Korintherbrief geht es nicht um den Empfang des ewigen Lebens, sondern um die physische Auferstehung. Welche Bedeutung der Wille des Menschen hat, geht aus Lukas 13,3 hervor und aus Johannes 3,36, sowie Johannes 5,40. Andere Schriftstellen wie 2. Thessalonicher 1,7-9; Matthäus 25,41-46 und Offenbarung 20,15 und 21,8 zeigen klar, dass am Ende nicht alle Menschen gerettet werden.

4. Juden

Um fruchtbar unter Juden arbeiten zu können, muss der Seelengewinner eine gute Kenntnis des Alten Testamentes haben. Er muss über den Platz, den die Juden in Gottes Heilsplan einnehmen, informiert sein.

1. Zeigen Sie auf, wie Christus die alttestamentlichen Weissagungen bezüglich des Messias erfüllt hat: Ein Jude (1. Mose 28,13.14), aus dem Stamme Juda (Micha 5,2); aus der Familie Davids (Jes. 11,1-10 und Jer. 23,5-6); geboren von einer Jungfrau (Jes. 7,14); in Bethlehem (Micha 5,2); abgelehnt und gekreuzigt (Ps. 22) vor der Zerstörung des Tempels (Dan. 9,26); sein Kommen in Niedrigkeit (Jes. 53) und in Herrlichkeit (Sach. 12,10).

2. Weisen Sie darauf hin, dass die alttestamentlichen Opfer mit Christus abgetan wurden und dass die Rettung von

Sünden nur noch in seinem vergossenen Blut verankert ist (Hebr. 8,10). Weisen Sie auch darauf hin, dass Mose von Christus redete (Joh. 5,45-47).

3. Warnen Sie vor der Strafe, die die Ablehnung Christi nach sich zieht (Hebr. 10,26-29).

Falls nun ein Jude dagegen einwendet: »Gott ging keine Ehe mit einer Frau ein, damit Christus geboren werden konnte«, antworten Sie ihm, dass er ein Gott ist, der Wunder tut (vergl. 1. Mose 18,14 mit Luk. 1,37; ebenso mit Lukas 1,26-32; Matth. 1,18-25). Wenn der Jude behauptet, die Anbetung Jesu wäre Menschenanbetung, weisen Sie hin auf 1. Mose 18,1-2 (wo einer der drei Männer der Herr war) und auf Jos. 5,13-15. Dem Einwand, dass die Lehre von der Trinität drei Gottheiten statt einer beinhalte, kann mit 1. Mose 1,1 begegnet werden, wo Gott in der Pluralform »Elohim« bezeichnet wird, so auch 1. Mose 1,26 (»uns« und »unserem«). Wenn jemand einwendet, Jesaja 53 bezöge sich nicht auf Christus, sondern auf das leidende Israel, so weisen Sie darauf hin, dass dies unmöglich ist, weil derjenige, der das leidet, es nicht für die eigenen Sünden tut, sondern für die der andern (Jes. 53,4.5-8), und diese andern sind das leidende Israel!

Wer unter Juden arbeitet, sollte besonders mit dem Hebräerbrief vertraut sein.

5. Jehovas Zeugen

Diese Religionsgemeinschaft, die wie ein Chamäleon wechselhaft in der Erscheinungsform ist, ist groß und äußerst aktiv. Sie wurde von Pastor C.T. Russell gegründet und dann in Wort und Schrift von Judge Rutherford weitergeführt. Man versteckt sich deshalb gelegentlich auch hinter Bezeichnungen wie »Russellismus«, »Gemeinde des Tausendjährigen Reiches«, »Internationale Assoziation von Bibelstudenten«, »Metropolitangemeinde« und »Zions Wachtturm«.

Ihre Lehren: Sie leugnen die göttliche und menschliche Natur Christi. Er stellt bei ihnen nur die höchste Stufe der geschaffenen Wesen dar. Es wurden schon vorher Schriftstellen angeführt, mit denen man dieser Auffassung begegnen kann. Man lehrt, Christi Leib und Seele wurden bei seinem Tod vernichtet. Sein Leib ist nicht auferstanden (vergl. Lukas 24,39). Nach seinem Sterben ist er Geist ohne Körper, weil sein Leib sich im Grab in Gase auflöste. 1874 ist er als unsichtbarer Geist in diese Welt zurückgekehrt, und das Tausendjährige Reich begann 1914 (vergl. Apg. 1,11; 1. Tim. 3,16). Es wird eine zweite Bewährungszeit nach dem Tod verheißen, was klar durch Lukas 16,19-31 widerlegt wird (vergl. Offenb. 22,11; 2. Kor. 6,2; Joh. 5,28-29). Alle, die sterben, werden vergehen, doch in einem anderen Zeitalter wieder auferweckt (sicherlich ein schwieriger Prozess!). Lesen Sie dazu Matthäus 10,28; Philipper 1,23; 2. Korinther 5,8.

Einige der genannten Irrtümer können mit Schriftstellen beantwortet werden, die im Kapitel über die »Christliche Wissenschaft« angeführt wurden. Letztlich aber ist dem das bewusste persönliche Zeugnis von Christus entgegenzustellen. Das gilt bei der Begegnung mit allen Irrlehren.

6. Spiritisten

Dass entleibte Geister mit Lebenden in Verbindung treten können, geht deutlich aus der Schrift hervor (1. Sam. 28,11-20), doch der Fluch Gottes ruht auf den Anhängern des Spiritismus. Die Existenz Satans und der Engel wird von ihnen geleugnet. Wer mit Spiritisten Kontakt bekommt, sollte nicht gleich mit der Tür ins Haus fallen und behaupten, all das wäre vom Teufel – natürlich ist es das –, aber er würde so jeden Ansatzpunkt zum Gespräch sofort verlieren.

Zuerst sollte aufgezeigt werden, was die Bibel über Gottes Verhalten zum Spiritismus lehrt (1. Chron. 10,13-14; Jes. 8,19-20; 1. Joh. 4,1-3; 2. Thess. 2,9-12).

Dann decken Sie anhand von 5. Mose 18,9-12 auf, dass Gott den Umgang mit den Geistern der Verstorbenen und anderen Geistermächten verbietet. Spiritismus ist ein Zurückweisen von Gottes Anordnungen und Offenbarungen in seinem Wort (Jes. 8,19-20). Es wird den Geistesmächten mehr Glauben geschenkt als dem Wort Gottes (Luk. 16,31).

Um den Ursprung dieser Geister zu prüfen, denken Sie an 1. Johannes 4,1-3. Der Christ muss mit einer Manifestation böser Geister in der Endzeit rechnen (1. Tim. 4,1-2.6).

Die Hauptirrtümer des Spiritismus sind: Leugnen der Person Gottes und der Gottheit Christi. Entehrung des Heiligen Geistes; Ablehnung des Sühneopfers Christi und des Jüngsten Gerichts, sowie der Verdammnis für Sünden. Verwerfung der zweiten Wiederkunft Christi.

7. Theosophen

Ebenso wie bei den andern Religionsgemeinschaften, die erwähnt wurden, ist an der Philosophie dieser Leute eine Menge falsch. Bei ihnen ist die Bibel ein Buch neben anderen, die alle die gleiche Autorität besitzen. Ihre Vorstellung von Gott ist phantastisch. Christus sei eine Manifestation des Logos. Der Mensch hat einen Geist, drei Seelen, ein Lebensprinzip und zwei Körper. Er erlebt die Reinkarnation (Wiederfleischwerdung). Errettung gibt es nur durch Werke. Der Theosoph ist deshalb ständig bemüht, Verdienste anzusammeln. Der Hauptirrtum liegt aber an der Stellung zur Heiligen Schrift. Daher muss der Seelengewinner zuerst versuchen – wie schon gesagt –, die Vorrangstellung der Bibel herauszustellen (2. Tim. 3,16; Hebr. 4,12; Matth. 5,18). Zur Personalität Gottes lesen Sie 1. Mose 17,1; Psalm 103,13. Die Gottheit und Einzigartigkeit Christi kann an Johannes 1,1 und Hebräer 1,3 aufgezeigt werden. Statt einer so vielfältig zusammengesetzten Persönlichkeit, wie es die Theosophen lehren, ist der Mensch ein Geschöpf, das nach dem Bilde Gottes geschaffen wurde. Als solches ist er zwar gefallen, aber er kann die Erlösung und die Auferstehung, nicht jedoch eine Reinkarnation erleben. Der Mensch kann durch eigene Verdienste keine Errettung erlangen (Röm. 3,20; Tit. 3,5; Eph. 2,8.9).

8. Siebenten-Tags-Adventisten

Sie scheinen auf den ersten Blick auf gutem geistlichen Grund zu stehen. Wie ihr Name schon vermuten lässt, geht es bei ihnen um die Beachtung des alten jüdischen Sabbats statt des Sonntags als dem ersten Tag der Woche. Das ist bei ihnen unentbehrliche Voraussetzung zur Errettung. Die Nichteinhaltung des Sabbats ist praktisch das Grundübel. Dr. Evans schlägt folgende Methode vor:

1. Lernen Sie die am meisten gebrauchten Bibelstellen der Adventisten. Achten Sie darauf, wie falsch sie diese auslegen, zum Beispiel 1. Johannes 2,4. Weisen Sie anhand von 1. Johannes 3,23 nach, dass dieses Gebot sich auf Liebe und Glauben bezieht, nicht auf das Halten des Sabbats. Die in einigen Übersetzungen in Offenbarung 22,14 erwähnten »Gebote« beziehen sich zwar auf die Zehn Gebote, doch in der revidierten Ausgabe ist dieser Ausdruck ganz weggelassen, da er im Grundtext schwach bezeugt ist.

2. Erinnern Sie dann daran, dass das Gesetz – einschließlich der Sabbatgesetze – abgetan ist (2. Kor. 3,7-11). Diese Verse lehren, dass man entweder noch unter dem alten Bund und damit unter dem Fluch ist oder schon unter dem neuen Bund der Gnade mit seinen Segnungen. Wenn jemand den Sabbat halten muss, ist das ein Zeichen, dass er noch von den Segnungen des Neuen Bundes in Christus ausgeschlossen ist.

3. Zeigen Sie auf, wie durch den Tod Christi die Christen dem Gesetz gestorben sind (Röm. 7,1-4, vergl. mit Röm. 10,3-9).

4. Heben Sie die Tatsache hervor, dass alle zehn Gebote – mit Ausnahme des Sabbatgebots – im Neuen Testament erneut bestätigt sind. Nirgendwo wird der Kirche Christi geboten, den Sabbat zu halten.

5. Zeigen Sie auf, dass der Sabbat eine rein jüdische Einrichtung und für Christen nicht bindend ist (5. Mose 5,12-15). Es war ein Zeichen zwischen Israel und Gott (2. Mose 31,13-17).

6. Weisen Sie darauf hin, dass sich in der Heiligen Schrift keine Bestätigung der Theorie findet, die Seele schliefe zwischen Tod und Auferstehung (2. Kor. 5,1-8; Phil. 1,20-23). Einige Schriftstellen, die in diesem Zusammenhang von den Adventisten genannt werden, sind Apostelgeschichte 2,34, aber die Verse 29 und 31 beziehen sich eindeutig auf

den Leib, nicht auf die Seele Davids. Dann Prediger 9,5: »Die Toten aber wissen überhaupt nichts« – doch aus dem Zusammenhang geht hervor, dass dieser Satz noch zu »unter der Sonne« gehört. Dieselben Worte werden in 1. Samuel 20,39 und in 1. Timotheus 6,4 gebraucht, haben aber nicht die Bedeutung, die die Adventisten ihnen zulegen. (Daniel 12,2 und Johannes 11,11.14.39!) Beachten Sie, wie von Lazarus gesagt wurde, »er stinkt schon«. Bezieht sich das auf seine Seele oder seinen Leib? Wenn man die von den Adventisten angeführten Stellen im Zusammenhang liest und sie mit Parallelstellen vergleicht, kann man ihre Behauptungen leicht als unschriftgemäß aufdecken.

7. Weisen Sie darauf hin, dass es in der Schrift heißt, Geist und Seele sterben nicht mit dem Leib (Pred. 12,7; 1. Kor. 5,5; Luk. 23,43-46; Apg. 7,59; Matth. 10,28).

Es ist gut zu wissen, dass das Einhalten des ersten Tages der Woche als Feiertag weder römischen noch heidnischen Ursprungs ist, wie es die Adventisten behaupten. Sie sagen, die Verschiebung des Feiertags vom Sabbat auf den ersten Tag (Sonntag) hätte ein Papst in Rom angeordnet. Die frühen Kirchenväter wie Ignatius, Justin Martyr, Clemens und viele andere bezeugen aber in ihren Schriften aus dem ersten und zweiten Jahrhundert, dass das Einhalten des ersten Tages der Woche als Feiertag bereits in ihrer Zeit gebräuchlich war.

Außerdem ist es den Adventisten, die es überall auf der Welt gibt, allein schon vom Geographischen her schlecht möglich, den jüdischen Sabbat von Sonnenuntergang zu Sonnenuntergang zu feiern. Im Norden geht zum Beispiel die Sonne wochenlang nicht unter. Bei einem Flug um die Welt nach Westen geht ein Tag verloren, während in umgekehrter Richtung ein Tag gewonnen wird. Auch daraus wird deutlich, dass es sich hier nur um ein lokales Gebot handeln kann.

Beim Umgang mit den Adventisten wird der Seelengewinner bald merken, wie fanatisch sie oft sind und wie sie immer wieder versuchen, das Gespräch allein zu führen. Vereinbaren Sie darum vorher, dass alle aufkommenden Fragen sofort beantwortet werden. Sie versuchen geschickt, den Konsequenzen auszuweichen, wenn man ihnen überzeugende und unwiderlegbare Schriftstellen entgegenhält.

Moslems: siehe Anhang

IX. Verschiedene Anregungen

1. Wie gewinne ich Kinder für Christus?

»Lasset die Kindlein zu mir kommen.« Der Seelengewinner muss diesem Beispiel Jesu nacheifern und darf die Kinder nicht einfach übersehen. »Denn ihrer ist das Himmelreich.« Dieses Thema beansprucht ein Buch für sich. Einige wichtige Punkte möchte ich hier dennoch anfügen. Dr. Torrey sagte einmal: »Kein anderer Zweig christlicher Arbeit bringt solche prompten, großen, bleibenden Resultate wie die Evangelisationsarbeit unter Kindern.« Spurgeons Meinung war: »Die Fähigkeit zu glauben liegt dem Kinde näher als dem Erwachsenen.« (vgl. Matth. 18,6)

Die Eltern sind natürlich an erster Stelle die von Gott eingesetzten Lehrer des Kindes. Darum kann religiöse Unterweisung nicht so gut durch andere getan werden. Eltern, die diese Pflicht vernachlässigen, berauben sich selbst unbewusst des höchsten Vorrechts, das Gott ihnen bietet. Warum sollte das Gewinnen der Seele eines Kindes, das doch die Eltern in die Welt gesetzt haben, einem Fremden überlassen bleiben?

Der alte Rev. Joseph W. Kemp machte folgende sieben Vorschläge für eine erfolgreiche Arbeit unter Kindern:

a) Man muss die Nöte des Kindes ernst nehmen. Das Kind ist nicht weniger als der Erwachsene »tot in Übertretungen und Sünden«. Solange das klare Wissen um die Verderbtheit und den geistlichen Tod bei dem Kind nicht vorhanden ist, solange wird man ihm auch nicht den ganzen Segen bringen können. Wir glauben natürlich an die Errettung von kleinen Kindern, die das Alter der moralischen Verantwortlichkeit noch nicht erreicht haben. Doch auch diese können schon Christus als ihren Heiland annehmen.

b) Es muss das Bewusstsein der eigenen Mission vorhanden sein. Es geht nicht nur um Belehrung, sondern Errettung.

c) Bei Kindern muss man ebenso wie bei Erwachsenen auf die Kraft des Heiligen Geistes vertrauen.

d) Wir müssen kindgemäß arbeiten. Es muss die rechte Einstellung zum Kind da sein. Unsere eifrigsten, intensivsten Studien sowie unsere besten Kräfte sind nötig, um Kinder zu retten.

e) Wir müssen die Sprache des Kindes sprechen – keine Babysprache – aber eine, die das Kind versteht.

f) Wir dürfen nicht zu viel vom Kind erwarten, was übrigens eine häufige Gefahr bei den Erwachsenen ist. Man erwarte nicht vom Kind, dass es seine kindliche Art ablegt und wie ein erwachsener Mensch handelt.

g) Geduld muss praktiziert werden. Das wird uns leichter fallen, wenn wir uns an unsere eigenen fehlerhaften Fortschritte erinnern.

Der Seelengewinner unter Kindern muss alle Klugheit anwenden, einen echten Appell zur Bekehrung an die Kinder zu richten, da es sehr leicht ist, eine Gruppe Kinder zur gemeinsamen Antwort auf solch einen Appell zu bewegen. Es ist ein Fehler, niemals Kinder zur Entscheidung für Christus aufzufordern. Es ist aber ebenso falsch, unaufhörlich diese Appelle ans Kind zu richten. Das Kinderherz gewöhnt sich schnell daran und stumpft ab. Einige Evangelisten fordern Kinder gelegentlich auf, wenn sie Christus als ihren Heiland annehmen möchten, auf einen Zettel Johannes 3,16 zu schreiben, die Worte »Welt« und »alle« aber durch den eigenen Namen zu ersetzen. Das und Ähnliches birgt die Gefahr einer Massenbeeinflussung.

Man denke daran, dass Moody sich mit 14 Jahren bekehrte. Neunzig Prozent aller Christen bekehren sich vor ihrem achtzehnten Lebensjahr.

2. Verteilen von Traktaten

Die weit verbreitete Verwendung von Traktaten und ähnlicher Literatur durch Sekten sollte den christlichen Seelengewinner auf die große Möglichkeit aufmerksam machen, die im Verteilen von richtigen Traktaten liegt. Menschen, die niemals die Schwelle einer Kirchentür übertreten haben, können es lesen. Hier einige Tipps, wie man sie am wirkungsvollsten an den Mann bringt.

a) Verteilen Sie gut geschriebene und attraktiv gestaltete Traktate, die Sie selbst gelesen haben. Tragen Sie immer einige davon bei sich.

b) Sie sollten Ihre Traktate kennen und bemüht sein, jedem Empfänger das passende zu geben.

c) Seien Sie höflich, erfinderisch und taktvoll beim Herantreten an diesen Menschen. Wenn Sie abgewiesen werden, reagieren Sie mit der Liebe Christi. Selbst wenn der andere Ihr Traktat nicht liest, kann er doch einiges aus Ihrem Verhalten ablesen.

d) Nicht jedes Traktat eignet sich zum Verteilen.

e) Beten Sie für den Dienst und vertrauen Sie auf Gottes Segen.

f) Nutzen Sie eine durch ein Traktat geschenkte, offene Tür zu einem Gespräch über die Errettung.

g) Verteilen Sie Traktate an öffentlichen Plätzen, von Haus zu Haus, in Krankenhäusern, auf Sportplätzen, in Bussen und Zügen. Vertrauen Sie darauf, dass etwas von der so gestreuten Saat Frucht bringen wird! Zum Mutmachen für den Verteiler hier eine Geschichte über den erstaunlichen Segen, der von einem Traktat ausging:

Richard Baxter bekam einmal von einem Hausierer ein Traktat, das Dr. Richard Gibbs geschrieben hatte. Richard Baxter seinerseits schrieb daraufhin seinen »Aufruf an Unbekehrte«, der wiederum in die Hände des bekannten Predigers und Liederdichters Philip Doddridge fiel. Sofort schrieb er »Entstehung und Fortschritt der Religion«, wodurch William Wilberforce, der spätere Befreier der Sklaven, bekehrt wurde. Er wiederum schrieb »Praktisches Christentum«, was Leigh Richmond anregte, sein Buch »Des Milchmanns Tochter« zu schreiben, wovon es 1948 über 4 Millionen Exemplare in fünfzig verschiedenen Sprachen gab. Wilberforces Buch fiel aber auch Thomas Chalmers in die Hände und brachte das Licht des Evangeliums in sein Herz, und Chalmers ließ später seine Stimme als Prediger in ganz Schottland erschallen. Schätzen Sie also den Dienst eines guten Traktates nicht zu gering ein.

3. Eine Feder, die Gott geweiht ist

Wer kann den Segen ermessen, der von einer solchen Feder ausgeht? Haben Sie je gebetet: »Herr, segne meine Feder zu deinem Dienst!«? Dann beten Sie es jetzt.

Mancher schüchterne Christ, der nicht beherzt genug ist, mit einem anderen offen und direkt über Christus zu reden, kann es besser mit der Feder. Dr. H. Clay Trumbull, der große Seelengewinner, wurde durch den Brief einer Kollegin bekehrt, die nicht den Mut aufbrachte, persönlich mit ihm zu reden.

Dieselbe günstige Gelegenheit bietet sich dem durch Krankheit ans Haus Gefesselten oder den Eltern, deren Kinder das Elternhaus bereits verlassen haben. Der Brief wird oft mehrmals gelesen, während ein gesprochenes Wort leicht vergessen werden kann.

a) Beten Sie vor und nach jedem Brief.

b) Schreiben Sie voller Liebe und Sympathie und fügen Sie jeder Bibelstelle, die Sie anführen, Ihr persönliches Zeugnis bei.

c) Wenn Sie dem Empfänger des Briefes den Weg der Errettung ganz klar gemacht haben, bitten Sie ihn dringend, sich für Christus zu entscheiden und ihn anzunehmen.

d) Legen Sie ein passendes Traktat in den Brief oder eine so genannte Entscheidungskarte.

e) Schreiben Sie einem Menschen, der sich erst kürzlich für Christus entschieden hat oder einem der zurückgefallen ist. Trösten Sie jemanden, der durch Trübsal und Prüfungen gehen muss oder schreiben Sie einem einsamen Menschen.

f) Warten Sie nicht unbedingt auf eine Antwort, bevor Sie erneut schreiben. Nicht jeder ist ein guter Korrespondent.

Die meisten Sonntagsschullehrer oder andere Seelengewinner nutzen die Möglichkeit des Briefeschreibens nicht so, wie sie es sollten.

4. Anleitung Neubekehrter

Mancher hoffnungsvolle Neubekehrte machte keine Fortschritte in seinem neuen Leben, weil er zur Zeit seiner Bekehrung keine konkreten Anweisungen über den weiteren Verlauf seines Weges erhielt. Natürlich ist es nicht klug, ein neugeborenes Baby mit weisen Sprüchen zu überschütten, doch einige Dinge sollten ihm kristallklar gemacht werden:

a) Um ein glücklicher Christ zu werden, muss er im geeigneten Augenblick seiner Umwelt Christus bezeugen, zunächst seinen Familienangehörigen und dann den Arbeitskollegen (Röm. 10,9.10). Sagen Sie ihm also, dass er die Kraft zum Zeugnis bekommen wird, wenn er dem Herrn vertraut (Phil. 4,13).

b) Machen Sie dem Neubekehrten klar, dass Christus nicht nur sein Heiland ist, sondern auch sein Herr (Röm. 10,9). Darum muss er von nun an seinen Willen dem des Meisters unterstellen.

c) Legen Sie ihm dringend nahe, jeden Tag – wenn möglich morgens – in Gottes Wort zu lesen. Dabei soll er Gott bitten, ihm die Schrift durch seinen Geist lebendig zu machen.

Erklären Sie ihm, dass die Bibel das für sein geistliches Leben und Wachstum bedeutet, was das tägliche Brot für seinen Leib ist. Ohne Nahrung kein Weiterleben!

d) Leiten Sie ihn an, Gottes Stimme auch im Gebet zu hören und sein ganzes Herz mit all seinen Wünschen vor Gott auszuschütten (Matth. 6,6). Machen Sie ihm sein großes Vorrecht klar, mit Gott selbst reden zu dürfen. Jede Stunde des Tages darf er mit ihm gehen und die ganze Fülle seiner Verheißungen für sich in Anspruch nehmen. Ermutigen Sie ihn, sowohl den ganzen Tag über Stoßgebete zum Himmel zu schicken, als auch eine bestimmte feste Zeit betend in der Stille zu verbringen.

e) Raten Sie ihm, einen Dienst für Christus zu übernehmen und sich darum zu bemühen, auch andere für den Herrn zu gewinnen.

f) Empfehlen Sie dem Neubekehrten, einer Gemeinschaft von Gläubigen beizutreten.

Nachfolgender Text gehört nicht zum ursprünglichen Inhalt des Buches von J. Oswald Sanders, sondern wurde als eine sinnvolle ***Ergänzung zum Kapitel VIII*** *aufgenommen. Abgedruckt mit freundlicher Genehmigung von:*

Evangeliumsgemeinschaft Mittlerer Osten
Walkmühlstr. 8
65195 Wiesbaden
email: info@EMO-Wiesbaden.de

Anhang

Zehn Ratschläge zum Zusammenleben mit Muslimen

1. Sieh in jedem Muslim zuerst den Menschen
Nur wenige Muslime sind als Funktionäre einer islamischen Organisation zu uns nach Europa gekommen. Die meisten kamen als Arbeitssuchende oder als Flüchtlinge. Sie kamen mit Wünschen und Hoffnungen. Sie kennen Freude und Schmerz, Befriedigung und Versagen. Kurz – sie haben ein Herz!

2. Sieh Muslime in ihrer Unterschiedlichkeit
Klischeebilder taugen nichts. Jeder Muslim ist anders, je nachdem aus welchem Land, aus welcher Gegend (Stadt/ Land), aus welcher Altersschicht, aus welchem Beruf und aus welcher Bildungsschicht er kommt. Es bedarf des ausführlichen Gesprächs, um einen Muslim wirklich kennen zu lernen! Wir werden viele Muslime als recht liebenswerte Menschen schätzen lernen.

3. Verstehe ihre inneren Spannungen

Die meisten Muslime leben in der Spannung zwischen ihrer heimatlichen Kultur und den neuen Verhältnissen in Europa. Die in Westeuropa heranwachsenden jungen Muslime leben in der Spannung zwischen ihrem patriarchalisch geprägten Elternhaus und der demokratisch liberalen Welt der deutschen Schulen und Betriebe. Während die Eltern ihre Kinder vor der europäischen Unmoral bewahren möchten, sind die jungen Leute fasziniert von der Freiheit und scheitern häufig an ihr.

4. Beachte die andersartige Kultur

In den Herkunftskulturen der Muslime ist vieles anders als bei uns. Es gelten viele Normen und Tabus. Dies gilt vor allem im Verhältnis der Geschlechter zueinander. Als Christen sollten wir uns auf diesem Gebiet äußerste Zurückhaltung angewöhnen, um Muslime nicht zu verletzen oder in Versuchung zu bringen. Leider meinen manche männlichen Muslime, im Blick auf Europäerinnen ihre angestammten Sitten vergessen zu können.

5. Habe keine Angst vor dem Islam

Manche Muslime treten uns Christen gegenüber recht forsch auf. Sie prangern die Missstände des »christlichen Europa« an. Sie halten Europa reif für den Islam. Da die muslimischen Völker heute jung und optimistisch sind, ist solche Überheblichkeit in gewissem Maße verständlich. Wir sollten uns davon nur nicht beeindrucken lassen, denn die Welt des Islam kennt unzählige Missstände. Auch der Islam befindet sich in einer gewaltigen geistigen und moralischen Krise angesichts der modernen Welt. Gewiss wollen wir den Islam in seiner Kraft nicht verharmlosen. Aber Bangemachen ist ebenso fehl am Platz. Wir müssen lernen, im Alltag mit den Muslimen auszukommen.

6. Gehe auf Muslime zu

Viele Muslime leiden unter der Anonymität und Unfreundlichkeit unserer Gesellschaft. Verständlicherweise haben sich die einzelnen völkischen Gruppen in die Ghettos ihrer

Großfamilien und Moscheevereine zurückgezogen. Es bedarf deshalb von deutscher Seite aus der Geduld, der Phantasie, des langen Atems und vor allem der Zeit. Natürlich sind hier die kulturellen Unterschiede besonders zu beachten. Männer sprechen mit Männern, Frauen mit Frauen. Die ältere Frau, die in der islamischen Gesellschaft großen Einfluss besitzt, kann sich allerdings mehr Freiheiten erlauben. Unsere älteren christlichen Frauen sollten diese Chance nutzen und in der Nachbarschaft, beim Arzt, im Bus oder beim Einkauf das Gespräch mit fremdländischen Frauen suchen.

7. Schenke Muslimen Liebe

Ein freundliches Wort, ein nettes Lächeln – unter Beachtung der obigen Regeln – kosten nicht viel und sind doch ein Stück Liebe für Menschen, die in ihrem Alltag oft wenig Liebe erfahren. Liebe soll aber auch zur helfenden Tat werden, und besonders die neuankommenden Ausländer sind darauf angewiesen. Ehe wir von der Liebe Gottes in Jesus Christus reden, sollten wir sie durch liebevolle Gesten Gestalt werden lassen.

8. Rede seelsorgerlich

Der Islam ist eine einfache und einprägsame Religion. Viele Muslime haben es gelernt, ihren Glauben überzeugend zur Sprache zu bringen. Deshalb sind Glaubensgespräche mit Muslimen stets in der Gefahr, zu Streitgesprächen zu werden. Auf dieser Ebene können wir aber nicht zum Herzen des Menschen reden. Hinter der zur Schau getragenen religiösen Überzeugung stecken manchmal Unsicherheit, Schuldbewusstsein, Angst und Zweifel. Dies gilt es zu erkennen. Der christliche Gesprächspartner sollte zum Herzen des Muslim sprechen.

9. Rede bekennend

Die Wahrheit des biblischen Glaubens kann nicht logisch bewiesen werden. Gewiss gibt es viele Argumente für die Gottessohnschaft Jesu und für sein Kreuz und seine Auferstehung. Aber Muslime sind meistens um rationale Gegenargumente nicht verlegen. Gottes Wort hat große Kraft. Der heilige Geist überwindet Menschenherzen.

10. Mache Jesus groß
Es geht nicht darum, den Islam schlecht zu machen. Gewiss müssen wir uns von der Bibel her ein Urteil über den Islam bilden. Im Gespräch mit Muslimen sollten wir jedoch Polemik vermeiden. Es geht vielmehr darum, positiv aufzuzeigen, dass Jesus nicht ein Prophet unter vielen ist, sondern der eine Herr und Heiland für alle Menschen. Wir wollen bezeugen, dass Jesus die zur Rettung ausgestreckte Hand Gottes ist.

Mit Muslimen über die Bibel reden

Muslime haben ihre eigene Sicht der Bibel. Grundsätzlich ist für sie der Koran der Maßstab zur Beurteilung der Bibel. Viele Muslime kritisieren die Bibel und scheuen sich, die Bibel zu lesen. Andere haben Achtung vor der Bibel als einem »heiligen Buch«. Manche sind neugierig und wollen den Inhalt der Bibel kennen lernen.

Wie Muslime die Bibel sehen
Im Islam wird der Koran zum Maßstab für die früheren »göttlichen Bücher« (Blätter Abrahams, Thora des Mose, Psalter Davids, Evangelium Jesu) genommen. Muslime gehen deshalb davon aus, dass die Form und der Stil der früheren göttlichen Bücher dem Koran entsprechen müssten: Sie müssten durchgängig Anrede Gottes an den Gesandten sein; sie müssten frühere Ereignisse nicht einfach berichten, sondern durch ein »Gedenke...« in den Anredestil einbetten; sie dürften keine apostolischen Briefe und keine vier Evangelien enthalten; sie müssten – wie der Koran – in erster Linie göttliche Belehrungen, Mahnungen und Gebote enthalten.

Der Koran wird auch zum Maßstab für den Inhalt der früheren Bücher gemacht. Nichts darf dem Koran inhaltlich widersprechen. Es darf keine Gottessohnschaft Jesu und der Auserwählten geben (vgl. Sure 5,116-120; 3,59; 9,30; 43,59), keine Dreieinigkeit Gottes (vgl. Sure 4,171; 5,73), keine Kreuzigung Jesu (vgl. Sure 4,157) und damit auch keine Erlösung durch Jesus Christus.

Muslime halten die »früheren Schriften« für verdorben
Sie berufen sich dabei auf den Koran. Schon Muhammed warf den »Schriftenbesitzern« (vor allem Juden und Christen) vor, sie »verheimlichen« bzw. »unterschlagen« gewisse Passagen in ihren Schriften (vgl. Suren 2,140.146.159; 3,71; 5,15; 6,91). Sie »verdrehen den Wortlaut der Schrift, damit ihr meint, es stamme aus der Schrift...« (vgl. Sure 3,78). Vielleicht stand dahinter zunächst nur der Vorwurf, dass Juden und Christen bei der Rezitation ihrer heiligen Texte Veränderungen vornahmen. Sure 2,79 wirft aber vor, dass von Menschen geschriebene Texte als von Gott stammend ausgegeben werden. Damit lügen die Schriftbesitzer (Sure 6,24; 9,77), heucheln (9,77) und belügen Gott (11,18;16, 116).

Der Koran wirft den Schriftbesitzern vor, dass sie die Menschen vom »Weg Gottes« abhalten (11,19), dass sie von der Religion Abrahams abweichen (2,135ff; 3,65ff), dass sie sich verkehrterweise für Söhne Gottes halten (5,18), eigene, schwere Gesetze gemacht haben (10,59; 16,116) und im Blick auf die Gesandten Gottes ungläubig sind (4,150f).

Was wurde weggelassen und hinzugefügt?
Im Gespräch mit Muslimen können wir immer wieder hören, dass Bibeltexte, die vom Kommen eines »arabischen Propheten« gesprochen hätten, weggelassen oder verändert worden seien, um nicht die Prophetenschaft Muhammeds anerkennen zu müssen. In diesem Zusammenhang wird darauf verwiesen, dass in Joh. 14 und Joh. 16 ursprünglich nicht der Tröster (griech. »paraklätos«), sondern Muhammed (»der Gepriesene«, griech. »parüklätos«) angekündigt worden sei.

Ebenso seien Bibeltexte, die vom muslimischen Basisbekenntnis zur Einheit Gottes abweichen, später hinzugefügt worden. Geschulte Muslime stützen ihre Argumente heute mit – meist unverstandenen – Thesen der neuzeitlichen, westlichen historisch-kritischen Wissenschaft (deren Anwendung auf den Koran man freilich ablehnt). Als Beispiel für ein »unverdorbenes Evangelium« wird heute oft das »Barnabas-Evangelium« genannt, welches nachweislich eine muslimische Fälschung aus dem späten Mittelalter ist.

Wer hat die Schriften verdorben?
Der Koran polemisiert in erster Linie gegen die Juden. Die Kritik an den »Schriftbesitzern« kann aber leicht auf die Christen des ersten Jahrhunderts ausgedehnt werden. In der heutigen Polemik gilt vor allem Paulus als der Verderber des »ursprünglich Jesus geoffenbarten Evangeliums«. Er habe aus dem »wahren (muslimischen) Jesus« den »gekreuzigten Gottessohn« gemacht. Er habe aus dem »Jesus-Islam« das kirchliche Christentum gemacht.

Wie gehen wir damit um?
Viele dieser Angriffe können leicht entkräftet werden. Im Gespräch mit Muslimen sollten wir aber der Versuchung widerstehen, unsererseits den Koran anzugreifen. Unser Ziel sollte sein, Jesus Christus als das »lebendige und unveränderliche Wort Gottes« zu bezeugen. Zwar sollten wir Argumentationen nicht ausweichen, aber in erster Linie benötigen wir im Gespräch mit Muslimen das Vertrauen in die Wirksamkeit der Bibel, da der lebendige Gott hinter seinem Wort steht.

Das Besondere an der Bibel
Wir müssen Muslimen klar machen, dass sich die Bibel nicht mit dem Koran vergleichen lässt, dass sie ihre eigene Geschichte, ihre eigene Prägung und ihren eigenen Inhalt hat.

Die Bibel ist eine Sammlung von 66 sehr verschiedenen Schriften, eigentlich eine kleine Bibliothek. Sie wurde von vielen Menschen über einen Zeitraum von mehr als 1000 Jahren geschrieben. Sie ist überaus vielfältig und enthält geschichtliche Berichte, Chroniken, Lieder, Gebete, Predigten, Briefe und Weissagungen. Sie ist ein sehr lebendiges und in vielen Teilen spannendes Buch (was man vom Koran, der auf einen einzigen Menschen und einen kurzen Zeitraum von 22 Jahren zurückgeht, nicht sagen kann).

Auf die Bibel ist Verlass

Die Bibel enthält vor allem Berichte über das Handeln Gottes. Sie ist im Wesentlichen klar und verständlich (während der Koran als Reimprosa viele unklare Anspielungen enthält). Sie ist hinterfragbar, erforschbar und hat sich als sehr zuverlässig erwiesen.

Die Bibel ist in ihren Ursprachen Hebräisch, Aramäisch und Griechisch sowie in vielen Übersetzungen über große Zeiträume hinweg sehr gewissenhaft und treu durch immer neues Abschreiben überliefert worden. Bedenkt man die großen Zeiträume, dann sind die eingeschlichenen Abweichungen sehr gering.

Gott erweist sich als treu

Die Bibel ist das »Buch der Treue Gottes« (während im Koran der unverfügbare Wille Gottes im Zentrum steht). Sie enthält viele Verheißungen und Erfüllungen (was man vom Koran nicht sagen kann). Sie ist das Buch der Bundesschlüsse Gottes, weshalb wir sie in die beiden wichtigsten Testamente einteilen.

Wir sind dankbar dafür, dass im Neuen Testament nicht nur ein Evangelium aufgenommen worden ist, sondern vier. Sie sind vier sich ergänzende Zeugnisse vom Leben, Sterben und Auferstehen Jesu. Die Evangelien sind keine »Offenbarungen an Jesus« (analog dem Koran an Muhammed), sondern Zeugnisse der Apostel über Jesus und seine Worte. »Jesus in Person« ist das Evangelium (die gute Nachricht).

Die Bibel ist ein sehr ehrliches Buch. Sie nennt die Sünde beim Namen, auch bei den Auserwählten Gottes. Ihr Inhalt ist das Heilshandeln Gottes in Gericht und Gnade, das Ringen Gottes um den Menschen, um ihn zu retten und zu heilen (während es im Koran um Anweisungen an den Menschen geht, den »rechten Weg« zu gehen).

Die Bibel ist lebendig

Die Bibel ist Gottes Wort an uns Menschen, aber sie ist kein Gesetzbuch. Unsere Bindung geschieht an Jesus Christus als das »lebendige Wort Gottes« im Heiligen Geist. Der Heilige Geist macht die Bibel lebendig und führt durch das Wort der Schrift zu Jesus Christus. An der Bibel wird die Dreifaltigkeit Gottes deutlich!

Freude an der Bibel

Der Vergleich mit dem Koran wird unsere Liebe zur Bibel neu wecken. Wir werden uns im Gespräch mit Muslimen der Bibel nicht schämen, sondern sie gern zitieren, ihre Geschichten erzählen und sie Muslimen zum Lesen anbieten. Dafür ist es gut, viele Kernbibelstellen auswendig zu wissen und wichtige Berichte sofort zu finden. Drei biblische Bücher empfehle ich Muslimen zum »Einstieg« in die Bibel: Das »Buch der Anfänge« (1. Mose bzw. Genesis), weil es viele Themen enthält, die Muslimen aus dem Koran (wenn auch in entstellter Weise) bekannt sind; das Buch der Psalmen, weil viele Psalmen in ihrer sprachlichen Gestalt und Wortwahl an Korantexte erinnern, und schließlich das Lukas-Evangelium als das Evangelium, welches die Liebe Gottes zu den Verlorenen besonders betont.

Eberhard Troeger

Leben aus der Quelle
J. Oswald Sanders

108 Seiten, Tb.
Best.-Nr.: 30856

Jeder, der geistlich wachsen möchte, wird in diesem Buch großartige Unterstützung finden. Es ist ganz und gar auf die Praxis des christlichen Lebens ausgerichtet und ermutigt den Leser, neue Glaubensschritte zu wagen.

Auch die Übel werden aufgezeigt, an denen in dieser verworrenen Zeit so viele Christen in ihrem geistlichen Leben krank sind. Gleichzeitig wird auf das hingewiesen, was uns die Schrift verordnet, um diese Unordnung zu überwinden.

Der ermutigende Charakter dieses Büchleins macht daraus ein ideales Geschenk für junge Christen, die am Anfang ihres Glaubenslebens sind. Doch auch Christen, die schon seit vielen Jahren im Glauben stehen, bekommen neue Impulse, mit Jesus Christus ein Leben in Heiligung und in der Fülle des Geistes zu führen.

Zur geistlichen Reife
J. Oswald Sanders

208 Seiten, Pb.
Best.-Nr.: 30858

Abbildung ähnlich

In diesem Buch gibt J. Oswald Sanders tiefe Einblicke in das Handeln Gottes mit seinen Kindern. Er macht klar, dass der dreieinige Gott will, dass ein Christ im Glauben reift. Gott will uns dem Bild seines Sohnes ähnlicher werden lassen. Dazu benutzt er verschiedene Mittel – auch solche, die uns nicht gefallen. Doch auch wenn wir es nicht verstehen, verfolgt Gott ein gutes Ziel mit uns – unsere geistliche Reife.

Die tiefen Gedanken eines Mannes, der mit Gott durchs Leben ging, sind für uns eine große Hilfe, die Wege des dreieinigen Gottes und seine Absichten mit uns besser zu verstehen und durch die tiefere Erkenntnis unseres Herrn im Glauben zu reifen.

Seelsorge mit der Bibel
Jay E. Adams

96 Seiten, Pb.
Best.-Nr.: 30866

»Viele Leser werden behaupten, man könne die Bibel nicht als Lehrbuch für die Seelsorge verwenden. Das sei nicht ihr Ziel und ihre Absicht. Andere wiederum werden mir vorwerfen, ich sei nicht »fundamentalistisch« genug. Ich gehe davon aus, dass die biblischen Aussagen für unsere Zeit Gültigkeit haben. Auch wenn dieses Buch die kritischen Anfragen nicht unmittelbar beantwortet, so kann man diesen doch keine wirkungsvolleren Argumente entgegenstellen als eine positive biblische Schau und Methodenlehre. Der Leser mag entscheiden, ob mir dies gelungen ist. Ich hoffe, dieses Buch wird für viele zum Ansporn und zur Hilfe für die Seelsorgearbeit.«

Jay E. Adams

Anhand von praktischen Beispielen setzt sich Jay Adams hier vor allem mit den praktischen Fragen der Seelsorge mit der Bibel auseinander:

- Wie setzt man die Bibel in der Seelsorge ein?
- Welche Konsequenzen ergeben sich im praktischen Vorgehen?
- Mit welchen Widerständen muss man rechnen? Wie überwindet man sie?
- Was ist das Ziel der biblischen Seelsorge? Wie wird es erreicht?

Ist die Bibel Wahrheit?

Indizien und Bestätigungen für die Vertrauenswürdigkeit der Bibel

William MacDonald

94 Seiten, Tb.
Best.-Nr.: 30880

Kein anderes Buch hat die Weltgeschichte und die Kultur so geprägt wie die Bibel, die von sich behauptet, Gottes Wort und Wahrheit zu sein. Kann es sein, dass dieser enorme Einfluss der Bibel bloß auf menschlichem Irrtum beruht und das Buch der Bücher doch nichts weiter ist als eine Sammlung rein menschlicher Märchen und Mythen?
Um das herauszufinden, muss die Bibel auf den Prüfstand gestellt und untersucht werden, ob sie ihrem absoluten Anspruch standhalten kann. Es müssen Indizien gezeigt werden, die auf einen göttlichen Ursprung schließen lassen, und es müssen die Einwände geklärt werden, die angeblich gegen die Inspiration Gottes sprechen. William MacDonald stellt sich dieser großen Herausforderung und verdeutlicht wohlbegründet und leicht nachvollziehbar, weshalb die Bibel absolut vertrauenswürdig und vollkommen wahr ist.
Dieses Buch ist eine neu übersetzte und leicht überarbeitete Neuauflage des früheren Titels "Dein Wort ist Wahrheit".

Aus dem Inhalt: *Was ist Inspiration? • Die Einheit der Bibel • Erfüllte Prophezeiungen • Bibel und Wissenschaft • Angebliche Schwierigkeiten in der Bibel • Das Leben Jesu • Der Heilsplan des Evangeliums • u.v.m.*